大方廣佛華嚴經 讀誦

62

🪷 일러두기

1. 『독송본 한문·한글역 대방광불화엄경』은 실차난타가 한역(695~699)한 80권 『대방광불화엄경』의 한문 원문과 한글역을 함께 수록한 것이다. 한문에는 음사와 현토를 부기하였다.

2. 원문의 저본은 고종 2년(1865) 월정사에서 인경한 고려대장경 『대방광불화엄경』에 한암 스님이 현토(1949년)한 것을 범룡 스님이 영인 출판(1990년)한 『대방광불화엄경』이다.

3. 한문은 저본에서 누락되었거나 글자가 다르다고 판단된 부분은 저본인 고려대장경 각권의 말미에 교감되어 있는 내용을 중심으로 하고 봉은사판 『대방광불화엄경수소연의초』와 신수대장경 각주에서 밝힌 교감본을 참조하여 보입하고 수정하였다.

4. 한글 번역은 동국역경원에서 발간한 한글 『대방광불화엄경』(운허)을 중심으로 하고 『신화엄경합론』(탄허)과 『대방광불화엄경 강설』(여천무비) 그리고 최근의 여타 번역본 등을 참조하였다.

5. 저본의 원문에서 이체자의 경우 흔글이 제공하는 이체자는 그대로 살리고 흔글이 제공하지 않는 글자는 통용되는 정자로 바꾸었다. 예) 間 → 閒 / 焰 → 燄 / 宫 → 宮 / 俑 → 稱

6. 한글 번역은 독송과 사경을 위하여 정확성과 아울러 가독성을 고려하였다. 극존칭은 부처님과 불경계에 대해서만 사용하였다.

7. 독송본의 차례는 일러두기 → 본문 → 화엄경 목차 → 간행사의 순차이다.
   (법공양판에는 간행사 다음에 간행불사 동참자를 밝혀 두었다.)

8. 독송본의 한글역은 사경의 편의를 도모하기 위해 그 편집을 달리하여 『사경본 한글역 대방광불화엄경』으로 함께 간행한다. 독송본과 사경본 모두 80권 『대방광불화엄경』의 권별 목차 순으로 간행한다.

독송본 한문·한글역

대방광불화엄경 제62권
大方廣佛華嚴經 卷第六十二

39. 입법계품 [3]
入法界品 第三十九之三

실차난타 한역
수미해주 한글역

대방광불화엄경 제62권 변상도

대방광불화엄경
제62권

39. 입법계품 [3]

대방광불화엄경 권제육십이
大方廣佛華嚴經 卷第六十二

입법계품 제삼십구지삼
入法界品 第三十九之三

이시　　문수사리보살　　권제비구　　　발아뇩
爾時에 文殊師利菩薩이 勸諸比丘하사 發阿耨

다라삼먁삼보리심이　　　점차남행　　　경력
多羅三藐三菩提心已하시고 漸次南行하사 經歷

인간　　지복성동　　주장엄당사라림중
人間하사 至福城東하야 住莊嚴幢娑羅林中하시니라

왕석제불　　증소지주　　교화중생　　대탑묘
往昔諸佛이 曾所止住하야 敎化衆生한 大塔廟

대방광불화엄경 제62권

39. 입법계품 [3]

이때에 문수사리 보살이 모든 비구들에게 권하여 아뇩다라삼먁삼보리심을 내게 하고는, 점차 남방으로 가면서 인간 세상을 지나다가 복성의 동쪽에 이르러 장엄당 사라림에 머물렀다.

지난 옛적에 모든 부처님께서 일찍이 머무르

處_며 亦是世尊_이 於往昔時_에 修菩薩行_{하야} 能

捨無量難捨之處_라

是故_로 此林名稱_이 普聞無量佛刹_{하야} 此處_가

常爲天龍夜叉乾闥婆阿脩羅迦樓羅緊那羅

摩睺羅伽人與非人之所供養_{이러라}

時_에 文殊師利_가 與其眷屬_{으로} 到此處已_{하사}

即於其處_에 說普照法界修多羅_{하시니} 百萬億

那由他修多羅_로 以爲眷屬_{하니라}

시면서 중생을 교화하시던 큰 탑묘 자리이며, 또한 세존께서도 지난 옛적에 보살행을 닦아 한량없는 버리기 어려운 것을 능히 버리시던 곳이었다.

그러므로 이 숲의 명칭이 한량없는 부처님 세계에 널리 들리어서, 이곳이 항상 천신과 용과 야차와 건달바와 아수라와 가루라와 긴나라와 마후라가와 사람과 사람 아닌 이들이 공양올리는 곳이 되었다.

이때에 문수사리가 그 권속들과 함께 이곳에 이르러서 곧 그 자리에서 '법계를 널리 비추는 경'을 설하니, 백만억 나유타 경으로 권

설차경시 어대해중 유무량백천억제룡
說此經時에 於大海中에 有無量百千億諸龍이

이래기소 문차법이 심염용취 정구
而來其所하야 聞此法已에 深厭龍趣하고 正求

불도 함사용신 생천인중 일만제룡
佛道하야 咸捨龍身하고 生天人中하며 一萬諸龍이

어아뇩다라삼먁삼보리 득불퇴전 부유
於阿耨多羅三藐三菩提에 得不退轉하며 復有

무량무수중생 어삼승중 각득조복
無量無數衆生이 於三乘中에 各得調伏하니라

시 복성인 문문수사리동자 재장엄당사
時에 福城人이 聞文殊師利童子가 在莊嚴幢娑

라림중대탑묘처 무량대중 종기성출
羅林中大塔廟處하고 無量大衆이 從其城出하야

내예기소
來詣其所하니라

속을 삼았다.

　이 경을 설할 때에 큰 바다 가운데 있는 한량없는 백천억 모든 용들이 그곳에 와서 이 법을 듣고는 용의 갈래를 매우 싫어하고 바로 불도를 구하여 용의 몸을 다 버리고 천상이나 인간에 태어났다. 일만의 모든 용들이 아뇩다라삼먁삼보리에서 물러나지 않게 되었으며, 다시 한량없고 수없는 중생들이 삼승 가운데 각각 조복함을 얻었다.

　이때에 복성 사람들이 문수사리 동자가 장엄당 사라림 가운데 큰 탑묘 자리에 있다고 함을 듣고, 한량없는 대중들이 그 성에서 나

時_에 有優婆塞_{하니} 名曰大智_라 與五百優婆塞

眷屬_{으로} 俱_{하니} 所謂須達多優婆塞_와 婆須達

多優婆塞_와 福德光優婆塞_와 有名稱優婆塞_와

施名稱優婆塞_와 月德優婆塞_와 善慧優婆塞_와

大慧優婆塞_와 賢護優婆塞_와 賢勝優婆塞_라

如是等五百優婆塞_로 俱_{하야} 來詣文殊師利童子

所_{하야} 頂禮其足_{하고} 右遶三帀_{하야} 退坐一面_{하니라}

復有五百優婆夷_{하니} 所謂大慧優婆夷_와 善光

와 그곳에 이르렀다.

그때에 우바새가 있었으니 이름이 '대지'이다. 오백 우바새 권속과 함께하였으니, 이른바 수달다 우바새와 바수달다 우바새와 복덕광 우바새와 유명칭 우바새와 시명칭 우바새와 월덕 우바새와 선혜 우바새와 대혜 우바새와 현호 우바새와 현승 우바새이다.

이와 같은 등 오백 우바새와 함께 문수사리 동자의 처소에 와서, 그 발에 정례하고 오른쪽으로 세 번 돌아서 물러가 한쪽에 앉았다.

다시 오백 우바이가 있었으니, 이른바 대혜

우바이   묘신우바이   가락신우바이   현우
優婆夷와 妙身優婆夷와 可樂身優婆夷와 賢優

바이   현덕우바이   현광우바이   당광우바
婆夷와 賢德優婆夷와 賢光優婆夷와 幢光優婆

이   덕광우바이   선목우바이
夷와 德光優婆夷와 善目優婆夷라

여시등오백우바이   내예문수사리동자소
如是等五百優婆夷가 來詣文殊師利童子所하야

정례기족   우요삼잡   퇴좌일면
頂禮其足하고 右遶三市하야 退坐一面하니라

부유오백동자   소위선재동자   선행동자
復有五百童子하니 所謂善財童子와 善行童子와

선계동자   선위의동자   선용맹동자   선사
善戒童子와 善威儀童子와 善勇猛童子와 善思

동자   선혜동자   선각동자   선안동자   선
童子와 善慧童子와 善覺童子와 善眼童子와 善

우바이와 선광 우바이와 묘신 우바이와 가락신 우바이와 현 우바이와 현덕 우바이와 현광 우바이와 당광 우바이와 덕광 우바이와 선목 우바이이다.

이와 같은 등 오백 우바이가 문수사리 동자의 처소에 와서, 그 발에 정례하고 오른쪽으로 세 번 돌아서 물러가 한쪽에 앉았다.

다시 오백 동자가 있었으니, 이른바 선재 동자와 선행 동자와 선계 동자와 선위의 동자와 선용맹 동자와 선사 동자와 선혜 동자와 선각 동자와 선안 동자와 선비 동자와 선광 동자이다.

비동자 선광동자
臂童子와 善光童子라

여시등오백동자 내예문수사리동자소
如是等五百童子가 來詣文殊師利童子所하야

정례기족 우요삼잡 퇴좌일면
頂禮其足하고 右遶三帀하야 退坐一面하니라

부유오백동녀 소위선현동녀 대지거사
復有五百童女하니 所謂善賢童女와 大智居士

녀동녀 현칭동녀 미안동녀 견혜동녀
女童女와 賢稱童女와 美顔童女와 堅慧童女와

현덕동녀 유덕동녀 범수동녀 덕광동녀
賢德童女와 有德童女와 梵授童女와 德光童女와

선광동녀
善光童女라

여시등오백동녀 내예문수사리동자소
如是等五百童女가 來詣文殊師利童子所하야

이와 같은 등 오백 동자가 문수사리 동자의 처소에 와서, 그 발에 정례하고 오른쪽으로 세 번 돌아서 물러가 한쪽에 앉았다.

다시 오백 동녀가 있었으니, 이른바 선현 동녀와 대지거사의 딸 동녀와 현칭 동녀와 미안 동녀와 견혜 동녀와 현덕 동녀와 유덕 동녀와 범수 동녀와 덕광 동녀와 선광 동녀이다.

이와 같은 등 오백 동녀가 문수사리 동자의 처소에 와서, 그 발에 정례하고 오른쪽으로 세 번 돌아서 물러가 한쪽에 앉았다.

그때에 문수사리 동자가 복성의 사람들이 다 이미 와서 모인 것을 알고 그들의 마음에

정례기족　　우요삼잡　　퇴좌일면
頂禮其足하고 **右遶三帀**하야 **退坐一面**이니라

이시　문수사리동자　지복성인　실이래
爾時에 **文殊師利童子**가 **知福城人**이 **悉已來**

집　　수기심락　　현자재신　　위광혁
集하시고 **隨其心樂**하사 **現自在身**하시니 **威光赫**

혁　　폐제대중　이자재대자　영피청량
奕하야 **蔽諸大衆**이라 **以自在大慈**로 **令彼淸涼**하며

이자재대비　기설법심　이자재지혜　지
以自在大悲로 **起說法心**하며 **以自在智慧**로 **知**

기심락　이광대변재　장위설법
其心樂하며 **以廣大辯才**로 **將爲說法**하실새니라

부어시시　관찰선재　이하인연　이유기
復於是時에 **觀察善財**가 **以何因緣**으로 **而有其**

명
名하니라

좋아함을 따라서 자재한 몸을 나타내니, 위광이 찬란하여 모든 대중들을 가렸다. 자재한 대자로 그들이 청량하게 하며, 자재한 대비로 법을 설할 마음을 일으키며, 자재한 지혜로 그들의 마음에 좋아함을 알며, 광대한 변재로 장차 법을 설하려 하였다.

다시 이때에 선재가 무슨 인연으로 그 이름을 가졌는가를 관찰하였다.

이 동자가 처음 태에 들 때에 그 집 안에 저절로 칠보 누각이 나타나고 그 누각 아래에 일곱 개의 묻힌 창고가 있으며, 그 창고 위에는 땅이 저절로 갈라져서 칠보의 싹이 나오니

지차동자　　초입태시　　어기택내　　자연이출
知此童子가 初入胎時에 於其宅內에 自然而出

칠보누각　　기누각하　　유칠복장　　어기
七寶樓閣하고 其樓閣下에 有七伏藏하고 於其

장상　　지자개열　　　생칠보아　　소위금은
藏上에 地自開裂하야 生七寶芽하니 所謂金銀

유리파려진주자거마노
瑠璃玻瓈眞珠硨磲碼碯라

선재동자　　처태시월　　연후탄생　　형체지
善財童子가 處胎十月한 然後誕生하니 形體肢

분　　단정구족　　기칠대장　　종광고하　　각
分이 端正具足하고 其七大藏의 縱廣高下가 各

만칠주　　종지용출광명조요
滿七肘하야 從地涌出光明照耀하니라

부어택중　　자연이유오백보기　　종종제
復於宅中에 自然而有五百寶器하야 種種諸

이른바 금과 은과 유리와 파려와 진주와 자거와 마노이다.

선재 동자가 열 달을 태에 머무른 연후에 탄생하니 형체와 팔다리가 단정하게 구족되었다. 그 일곱 개 큰 창고의 가로와 세로와 높이가 각각 칠 척에 이르렀고 땅에서 솟아나오니 광명이 밝게 비치었다.

다시 집 안에는 저절로 오백 개의 보배 그릇이 있어 갖가지 모든 물건이 저절로 가득 찼다. 이른바 금강 그릇에는 일체 향이 담기었고, 향 그릇에는 갖가지 옷이 담기었고, 아름다운 옥 그릇에는 갖가지 맛 좋은 음식이 가

물   자연영만   소위금강기중   성일체
物이 自然盈滿하니 所謂金剛器中에 盛一切

향   어향기중   성종종의   미옥기중   성
香하고 於香器中에 盛種種衣하고 美玉器中에 盛

만종종상미음식
滿種種上味飮食하니라

마니기중   성만종종수이진보   금기성
摩尼器中에 盛滿種種殊異珍寶하고 金器盛

은   은기성금   금은기중   성만유리   급
銀하고 銀器盛金하고 金銀器中에 盛滿瑠璃와 及

마니보   파려기중   성만자거   자거기
摩尼寶하고 玻瓈器中에 盛滿硨磲하고 硨磲器

중   성만파려
中에 盛滿玻瓈하니라

마노기중   성만진주   진주기중   성만마노
碼碯器中에 盛滿眞珠하고 眞珠器中에 盛滿碼碯하고

득 담기었다.

마니 그릇에는 갖가지 기이하고 진귀한 보배가 가득 담기었고, 금 그릇에는 은이 담기었고, 은 그릇에는 금이 담기었고, 금은 그릇에는 유리와 그리고 마니보배가 가득 담기었고, 파려 그릇에는 자거가 가득 담기었고, 자거 그릇에는 파려가 가득 담기었다.

마노 그릇에는 진주가 가득 담기었고, 진주 그릇에는 마노가 가득 담기었고, 불 마니 그릇에는 물 마니가 가득 담기었고, 물 마니 그릇에는 불 마니가 가득 담기었다. 이와 같은 등 오백 보배 그릇이 저절로 나타났

화마니기중　　성만수마니　　수마니기중　　성
火摩尼器中에 盛滿水摩尼하고 水摩尼器中에 盛

만화마니　　여시등오백보기　　자연출현
滿火摩尼한 如是等五百寶器가 自然出現하니라

우우중보　　급제재물　　　일체고장　　실령충
又雨衆寶와 及諸財物하야 一切庫藏을 悉令充

만　　　이차사고　　부모친속　　급선상사　　공
滿할새 以此事故로 父母親屬과 及善相師가 共

호차아　　　명왈선재
呼此兒하야 名曰善財하시니라

우지차동자　　이증공양과거제불　　　심종선
又知此童子가 已曾供養過去諸佛하야 深種善

근　　　신해광대　　　상락친근제선지식　　　신
根하며 信解廣大하며 常樂親近諸善知識하며 身

어의업　　개무과실　　　정보살도　　　구일체
語意業이 皆無過失하며 淨菩薩道하며 求一切

다.

 또 온갖 보배들과 모든 재물들이 비내려 일체 창고를 모두 가득하게 하였다. 이런 일 때문에 부모와 친척과 그리고 상을 잘 보는 분들이 한가지로 이 아이의 이름을 '선재'라고 부른 것을 알았다.

 또 이 동자가 이미 일찍이 과거의 모든 부처님께 공양올려서 선근을 깊이 심었으며, 믿고 이해함이 광대하여 모든 선지식들을 항상 즐겨 친근하였으며, 몸과 말과 뜻의 업이 다 허물이 없으며, 보살도를 깨끗이 하며, 일체지를 구하여 불법의 그릇을 이루며, 그

지 성불법기 기심청정 유여허공
智하며 成佛法器하며 其心淸淨이 猶如虛空하며

회향보리 무소장애
迴向菩提하며 無所障礙하시니라

이시 문수사리보살 여시관찰선재동
爾時에 文殊師利菩薩이 如是觀察善財童

자이 안위개유 이위연설일체불
子已하시고 安慰開諭하사 而爲演說一切佛

법
法하시니라

소위설일체불적집법 설일체불상속법
所謂說一切佛積集法하며 說一切佛相續法하며

설일체불차제법 설일체불중회청정법
說一切佛次第法하며 說一切佛衆會淸淨法하며

설일체불법륜화도법
說一切佛法輪化導法하니라

마음이 청정함이 마치 허공과 같으며, 보리에 회향하며, 장애하는 바가 없는 것을 알았다.

그때에 문수사리 보살이 이와 같이 선재 동자를 관찰하고는 위로하고 깨우쳐 주면서 위하여 일체 부처님 법을 연설하였다.

이른바 일체 부처님의 쌓아 모으는 법을 설하며, 일체 부처님의 계속하는 법을 설하며, 일체 부처님의 차례 법을 설하며, 일체 부처님의 대중모임의 청정한 법을 설하며, 일체 부처님의 법륜으로 교화하여 인도하는 법을 설하였다.

설일체불색신상호법   설일체불법신성취
說一切佛色身相好法하며 **說一切佛法身成就**

법   설일체불언사변재법   설일체불광
法하며 **說一切佛言辭辯才法**하며 **說一切佛光**

명조요법   설일체불평등무이법
明照耀法하며 **說一切佛平等無二法**이라

이시   문수사리동자   위선재동자   급제대
爾時에 **文殊師利童子**가 **爲善財童子**와 **及諸大**

중   설차법이   은근권유   증장세력
衆하사 **說此法已**하시고 **慇懃勸諭**하야 **增長勢力**하사

영기환희   발아뇩다라삼먁삼보리심   우
令其歡喜하야 **發阿耨多羅三藐三菩提心**하며 **又**

령억념과거선근
令憶念過去善根하니라

작시사이   즉어기처   부위중생   수의
作是事已하시고 **即於其處**에 **復爲衆生**하사 **隨宜**

일체 부처님의 색신이 잘생긴 모습의 법을 설하며, 일체 부처님의 법신을 성취하는 법을 설하며, 일체 부처님의 말씀과 변재의 법을 설하며, 일체 부처님의 광명이 밝게 비치는 법을 설하며, 일체 부처님의 평등하여 둘이 없는 법을 설하였다.

그때에 문수사리 동자가 선재 동자와 그리고 모든 대중들을 위하여 이 법을 설하고는 은근히 권유하여 세력을 늘게 하여 그들이 기뻐 아뇩다라삼먁삼보리심을 내게 하며, 또 과거의 선근을 기억하게 하였다.

이 일을 하고는 곧 그 자리에서 다시 중생들

설법한 然後而去러시니라

爾時에 善財童子가 從文殊師利所하야 聞佛如
是種種功德하고 一心勤求阿耨多羅三藐三菩
提하야 隨文殊師利하야 而說頌曰

三有爲城郭하고　　　　憍慢爲垣牆하며

諸趣爲門戶하고　　　　愛水爲池塹이로다

을 위하여 마땅함을 따라 법을 설한 연후에 떠났다.

　그때에 선재 동자가 문수사리의 처소에서 부처님의 이와 같은 갖가지 공덕을 듣고 일심으로 아뇩다라삼먁삼보리를 부지런히 구하여 문수사리를 따라서 게송을 설하여 말하였다.

　　삼유는 성곽이 되고
　　교만은 담장이 되며
　　모든 갈래는 문이 되고
　　갈애의 물은 해자가 되었도다.

우치암소부
愚癡闇所覆로

탐에화치연
貪恚火熾然하야

마왕작군주
魔王作君主하고

동몽의지주
童蒙依止住로다

탐애위휘묵
貪愛爲徽纆하고

첨광위비륵
諂誑爲轡勒하며

의혹폐기안
疑惑蔽其眼하야

취입제사도
趣入諸邪道로다

간질교영고
慳嫉憍盈故로

입어삼악처
入於三惡處하며

혹타제취중
或墮諸趣中의

생로병사고
生老病死苦로다

어리석음의 어둠에 덮인 바로
탐욕과 성냄의 불이 치성하여
마왕은 군주가 되고
어리석은 이들은 의지해 머무르도다.

탐욕과 애욕은 묶는 노끈이 되고
아첨과 속임은 고삐가 되며
의혹이 그 눈을 가려서
모든 삿된 길로 들어가도다.

간탐과 질투와 교만과 게으른 까닭으로
세 가지 나쁜 곳에 들어가며
혹은 여러 갈래 중의
생로병사 고통에 떨어지도다.

묘지청정일　　　　　　　대비원만륜
妙智清淨日인　　　　　　**大悲圓滿輪**이

능갈번뇌해　　　　　　　원사소관찰
能竭煩惱海하나니　　　　**願賜少觀察**하소서

묘지청정월　　　　　　　대자무구륜
妙智清淨月인　　　　　　**大慈無垢輪**이

일체실시안　　　　　　　원수조찰아
一切悉施安하나니　　　　**願垂照察我**하소서

일체법계왕　　　　　　　법보위선도
一切法界王이　　　　　　**法寶爲先導**하야

유공무소애　　　　　　　원수교칙아
遊空無所礙하나니　　　　**願垂敎敕我**하소서

미묘한 지혜의 청정한 태양인
대비의 원만한 바퀴가
번뇌의 바다를 능히 말리니
바라건대 조금이라도 살펴 주소서.

미묘한 지혜의 청정한 달인
대자의 때 없는 바퀴가
일체를 모두 편안하게 하니
바라건대 저를 비추어 살펴 주소서.

일체 법계의 왕이
법보로 앞에서 인도하시어
허공에 다님이 걸리는 바 없으시니
바라건대 저를 가르쳐 주소서.

복지대상주
福智大商主가

용맹구보리
勇猛求菩提하야

보리제군생
普利諸羣生하나니

원수수호아
願垂守護我하소서

신피인욕갑
身被忍辱甲하며

수제지혜검
手提智慧劒하고

자재항마군
自在降魔軍하나니

원수발제아
願垂拔濟我하소서

주법수미정
住法須彌頂하야

정여상공시
定女常恭侍하고

멸혹아수라
滅惑阿脩羅하는

제석원관아
帝釋願觀我하소서

복과 지혜 많은 크게 장사하는 주인이
용맹하게 보리를 구하시어
모든 군생들을 널리 이익하게 하시니
바라건대 저를 지키고 보호해 주소서.

몸에는 인욕의 갑옷을 입으시고
손에는 지혜의 검을 잡으시고
자재하게 마군을 항복 받으시니
바라건대 저를 빼내어 구제해 주소서.

법의 수미산 꼭대기에 머무르시어
선정의 시녀들이 항상 공손히 모시고
미혹의 아수라를 소멸하시는
제석이시여, 바라건대 저를 살펴 주소서.

삼유범우택 혹업지취인
三有凡愚宅에 **惑業地趣因**을

인자실조복 여등시아도
仁者悉調伏하나니 **如燈示我道**하소서

사리제악취 청정제선도
捨離諸惡趣하고 **淸淨諸善道**하야

초제세간자 시아해탈문
超諸世間者여 **示我解脫門**하소서

세간전도집 상락아정상
世間顚倒執인 **常樂我淨想**을

지안실능리 개아해탈문
智眼悉能離하나니 **開我解脫門**하소서

삼유의 어리석은 범부의 집과
혹업의 땅에 나아가는 원인을
어지신 분께서 모두 조복하시니
등불처럼 저에게 길을 보여 주소서.

모든 나쁜 갈래를 버려 여의시고
모든 착한 길을 청정히 하시어
모든 세간을 초월하신 분이시여,
저에게 해탈의 문을 보여 주소서.

세간의 뒤바뀐 집착인
상락아정이라는 생각을
지혜의 눈으로 모두 능히 여의셨으니
저에게 해탈의 문을 열어 주소서.

선지사정도
善知邪正道하야

분별심무겁
分別心無怯한

일체결료인
一切決了人이여

시아보리로
示我菩提路하소서

주불정견지
住佛正見地하며

장불공덕수
長佛功德樹하며

우불묘법화
雨佛妙法華하시니

시아보리도
示我菩提道하소서

거래현재불
去來現在佛이

처처실주변
處處悉周徧하사

여일출세간
如日出世間하시니

위아설기도
爲我說其道하소서

삿되고 바른 길을 잘 아시어
분별하는 마음에 겁이 없으신
일체를 분명하게 아시는 분이시여,
저에게 보리의 길을 보여 주소서.

부처님의 바른 견해의 땅에 머무르시며
부처님의 공덕 나무를 기르시며
부처님의 미묘한 법의 꽃을 비내리시니
저에게 보리의 길을 보여 주소서.

과거와 미래와 현재의 부처님께서
곳곳마다 다 두루하시어
마치 해가 세간에 뜬 듯하시니
저를 위하여 그 길을 말씀하소서.

선지일체업 　　　　　심달제승행
善知一切業하고　　　深達諸乘行하야

지혜결정인 　　　　　시아마하연
智慧決定人이여　　　示我摩訶衍하소서

원륜대비곡 　　　　　신축견인할
願輪大悲轂과　　　　信軸堅忍鎋과

공덕보장교 　　　　　영아재차승
功德寶莊校여　　　　令我載此乘하소서

총지광대상 　　　　　자민장엄개
總持廣大箱과　　　　慈愍莊嚴蓋와

변재령진향 　　　　　사아재차승
辯才鈴震響이여　　　使我載此乘하소서

일체 업을 잘 아시고
모든 수레의 행을 깊이 통달하시어
지혜가 결정된 분이시여,
저에게 마하연을 보여 주소서.

서원의 겉 바퀴와 대비의 속 바퀴와
신심의 굴대와 견고한 인욕의 빗장과
공덕의 보배로 꾸밈이여,
제가 이 수레에 오르게 하소서.

총지의 광대한 곳집과
자애롭고 가엾게 여김의 장엄한 일산과
변재의 풍경이 울림이여,
제가 이 수레에 오르게 하소서.

범행위인욕
梵行爲茵蓐하며

삼매위채녀
三昧爲采女하며

법고진묘음
法鼓震妙音하나니

원여아차승
願與我此乘하소서

사섭무진장
四攝無盡藏과

공덕장엄보
功德莊嚴寶와

참괴위기앙
慚愧爲羈鞅이여

원여아차승
願與我此乘하소서

상전보시륜
常轉布施輪하며

항도정계향
恒塗淨戒香하며

인욕뢰장엄
忍辱牢莊嚴이여

영아재차승
令我載此乘하소서

범행은 돗자리가 되며
삼매는 채녀가 되며
법의 북은 미묘한 소리를 울리니
바라건대 저에게 이 수레를 주소서.

사섭은 다함없는 창고이며
공덕은 장엄한 보배이며
부끄러움은 고삐와 굴레가 됨이여,
바라건대 저에게 이 수레를 주소서.

항상 보시의 바퀴를 굴리며
항상 깨끗한 계의 향을 바르며
인욕으로 굳게 장엄함이여,
제가 이 수레에 오르게 하소서.

선정삼매상
禪定三昧箱과

지혜방편액
智慧方便軛으로

조복불퇴전
調伏不退轉이여

영아재차승
令我載此乘하소서

대원청정륜
大願淸淨輪과

총지견고력
總持堅固力이

지혜소성취
智慧所成就니

영아재차승
令我載此乘하소서

보행위주교
普行爲周校하고

비심작서전
悲心作徐轉하야

소향개무겁
所向皆無怯하니

영아재차승
令我載此乘하소서

선정과 삼매의 곳집과
지혜 방편의 멍에로
조복하여 물러나지 않게 함이여,
제가 이 수레에 오르게 하소서.

큰 서원의 청정한 바퀴와
총지의 견고한 힘이
지혜로 성취된 것이니
제가 이 수레에 오르게 하소서.

넓은 행으로 두루 장식하고
가엾게 여기는 마음으로 서서히 굴려서
향하는 곳마다 모두 겁이 없으니
제가 이 수레에 오르게 하소서.

견고여금강
堅固如金剛하고

선교여환화
善巧如幻化하야

일체무장애
一切無障礙하니

영아재차승
令我載此乘하소서

광대극청정
廣大極淸淨하야

보여중생락
普與衆生樂호대

허공법계등
虛空法界等하니

영아재차승
令我載此乘하소서

정제업혹륜
淨諸業惑輪하고

단제유전고
斷諸流轉苦하야

최마급외도
摧魔及外道하니

영아재차승
令我載此乘하소서

견고함은 금강과 같고
공교함은 환화와 같아서
일체에 장애가 없으니
제가 이 수레에 오르게 하소서.

광대하고 지극히 청정하여
널리 중생들에게 즐거움을 주되
허공 법계와 같으니
제가 이 수레에 오르게 하소서.

모든 업과 미혹의 바퀴를 깨끗이 하고
모든 유전하는 고통을 끊어서
마와 외도를 꺾으니
제가 이 수레에 오르게 하소서.

지혜만시방
智慧滿十方하고

장엄변법계
莊嚴徧法界하야

보흡중생류
普洽衆生類하니

영아재차승
令我載此乘하소서

청정여허공
淸淨如虛空하야

애견실제멸
愛見悉除滅하고

이익일체중
利益一切衆하니

영아재차승
令我載此乘하소서

원력속질행
願力速疾行하고

정심안은주
定心安隱住하야

보운제함식
普運諸含識하니

영아재차승
令我載此乘하소서

지혜는 시방에 가득하고
장엄은 법계에 두루하여
널리 중생의 부류를 흡족하게 하니
제가 이 수레에 오르게 하소서.

청정함은 허공과 같아서
애욕과 소견을 모두 멸하여 없애고
일체 중생을 이익하게 하니
제가 이 수레에 오르게 하소서.

서원의 힘으로 빠르게 가고
선정의 마음으로 편안히 머물러
모든 중생들을 널리 옮겨 주니
제가 이 수레에 오르게 하소서.

여지불경동
如地不傾動하고

여수보요익
如水普饒益하야

여시운중생
如是運衆生하니

영아재차승
令我載此乘하소서

사섭원만륜
四攝圓滿輪과

총지청정광
總持淸淨光인

여시지혜일
如是智慧日이여

원시아령견
願示我令見하소서

이입법왕성
已入法王城하고

이착지왕관
已著智王冠하고

이계묘법증
已繫妙法繒이시니

원능자고아
願能慈顧我하소서

땅과 같이 흔들리지 않고
물과 같이 널리 요익하게 하여
이와 같이 중생을 옮겨 주니
제가 이 수레에 오르게 하소서.

사섭의 원만한 바퀴와
총지의 청정한 광명인
이와 같은 지혜의 태양이여,
바라건대 제가 보도록 보여 주소서.

이미 법왕의 성에 들어가셨고
이미 지혜의 왕관을 쓰셨고
이미 미묘한 법의 비단을 매셨으니
바라건대 능히 자애로 저를 돌보아 주소서.

爾時에 文殊師利菩薩이 如象王迴하야 觀善財

童子하시고 作如是言하시니라

善哉善哉라 善男子여 汝已發阿耨多羅三藐

三菩提心하고 復欲親近諸善知識하야 問菩薩

行하며 修菩薩道하니라

善男子야 親近供養諸善知識이 是具一切智

最初因緣이니 是故於此에 勿生疲厭이어다

그때에 문수사리 보살이 코끼리 왕이 돌아보듯이 선재 동자를 보고 이렇게 말씀하였다.

"훌륭하고 훌륭합니다! 선남자여, 그대는 이미 아뇩다라삼먁삼보리심을 내었고, 다시 모든 선지식들을 친근하여 보살행을 물으며 보살도를 닦으려 합니다.

선남자여, 모든 선지식들을 친근하고 공양 올리는 것이 일체지를 구족하는 최초의 인연입니다. 그러므로 이에 피로해하거나 싫어하지 말아야 합니다."

선재 백언
善財가 **白言**하니라

유원성자 광위아설
唯願聖者는 **廣爲我說**하소서

보살 응운하학보살행
菩薩이 **應云何學菩薩行**이며

응운하수보살행
應云何修菩薩行이며

응운하취보살행
應云何趣菩薩行이며

응운하행보살행
應云何行菩薩行이며

응운하정보살행
應云何淨菩薩行이며

응운하입보살행
應云何入菩薩行이며

선재 동자가 여쭈었다.

"오직 원하오니, 성자시여, 널리 저를 위하여 말씀해 주십시오.

보살이 응당 어떻게 보살행을 배워야 하며,

응당 어떻게 보살행을 닦아야 하며,

응당 어떻게 보살행에 나아가야 하며,

응당 어떻게 보살행을 행해야 하며,

응당 어떻게 보살행을 깨끗이 해야 하며,

응당 어떻게 보살행에 들어가야 하며,

응당 어떻게 보살행을 성취해야 하며,

응당 어떻게 보살행을 따라야 하며,

응당 어떻게 보살행을 생각해야 하며,

응운하성취보살행
應云何成就菩薩行이며

응운하수순보살행
應云何隨順菩薩行이며

응운하억념보살행
應云何憶念菩薩行이며

응운하증광보살행
應云何增廣菩薩行이며

응운하령보현행　　속득원만
應云何令普賢行으로 速得圓滿이리잇고

이시　문수사리보살　위선재동자　　이설
爾時에 文殊師利菩薩이 爲善財童子하사 而說

송언
頌言하시니라

응당 어떻게 보살행을 넓혀야 하며,

응당 어떻게 보현행이 속히 원만함을 얻게 해야 합니까?"

 그때에 문수사리 보살이 선재 동자를 위하여 게송을 설하여 말씀하였다.

선재공덕장
善哉功德藏이여

능래지아소
能來至我所하야

발기대비심
發起大悲心하야

근구무상각
勤求無上覺이로다

이발광대원
已發廣大願하야

제멸중생고
除滅衆生苦하고

보위제세간
普爲諸世間하야

수행보살행
修行菩薩行이로다

약유제보살
若有諸菩薩이

불염생사고
不厭生死苦하면

즉구보현도
則具普賢道하야

일체무능괴
一切無能壞로다

훌륭하도다. 공덕 창고여,
능히 나의 처소에 이르러 와서
대비의 마음을 내어
부지런히 위없는 깨달음을 구하도다.

이미 광대한 서원을 내어
중생의 괴로움을 멸해 없애고
널리 모든 세간을 위하여
보살행을 수행하도다.

만약 어떤 여러 보살들이
생사의 괴로움을 싫어하지 아니하면
곧 보현의 도를 갖추어
일체가 무너뜨릴 수 없으리로다.

복광복위력　　　　　복처복정해
福光福威力과　　　**福處福淨海**로

여위제중생　　　　　원수보현행
汝爲諸衆生하야　　**願修普賢行**이로다

여견무변제　　　　　시방일체불
汝見無邊際한　　　**十方一切佛**하고

개실청문법　　　　　수지불망실
皆悉聽聞法하야　　**受持不忘失**이어다

여어시방계　　　　　보견무량불
汝於十方界에　　　**普見無量佛**하고

성취제원해　　　　　구족보살행
成就諸願海하야　　**具足菩薩行**이어다

복의 광명과 복의 위력과
복의 처소와 복의 깨끗한 바다로
그대가 모든 중생들을 위하여
보현행 닦기를 원할지어다.

그대는 끝이 없는
시방의 일체 부처님을 친견하고
법을 모두 다 들어서
받아 지니고 잊지 말지어다.

그대는 시방세계에서
한량없는 부처님을 널리 친견하고
모든 서원바다를 성취하여
보살행을 구족할지어다.

약입방편해
若入方便海하면

안주불보리
安住佛菩提요

능수도사학
能隨導師學하야

당성일체지
當成一切智리라

여변일체찰
汝徧一切刹하야

미진등제겁
微塵等諸劫에

수행보현행
修行普賢行하야

성취보리도
成就菩提道어다

여어무량찰
汝於無量刹의

무변제겁해
無邊諸劫海에

수행보현행
修行普賢行하야

성만제대원
成滿諸大願이어다

만약 방편바다에 들어가면
부처님의 보리에 편안히 머무르고
능히 도사를 따라 배워서
마땅히 일체지를 이루리라.

그대는 일체 세계에 두루하여
미진과 같은 모든 겁 동안에
보현행을 닦아 행하여
보리도를 성취할지어다.

그대는 한량없는 세계의
가없는 모든 겁바다에
보현행을 닦아 행하여
모든 큰 서원을 원만히 이룰지어다.

차무량중생   문여원환희
此無量衆生이   **聞汝願歡喜**하야

개발보리의   원학보현승
皆發菩提意하야   **願學普賢乘**하리라

이시   문수사리보살   설차송이   고 선
爾時에 **文殊師利菩薩**이 **說此頌已**하시고 **告善**

재동자언
財童子言하시니라

선재선재   선남자   여이발아뇩다라삼막
善哉善哉라 **善男子**여 **汝已發阿耨多羅三藐**

삼보리심   구보살행
三菩提心하고 **求菩薩行**하니라

선남자   약유중생   능발아뇩다라삼막삼
善男子야 **若有衆生**이 **能發阿耨多羅三藐三**

이 한량없는 중생들이

그대의 서원을 듣고 환희하여

모두 보리의 뜻을 내어서

보현의 수레 배우기를 서원하리라.

그때에 문수사리 보살이 이 게송을 설하고는 선재 동자에게 말씀하였다.

"훌륭하고 훌륭합니다! 선남자여, 그대가 이미 아뇩다라삼먁삼보리심을 내었고 보살행을 구하였습니다.

선남자여, 만약 어떤 중생이 능히 아뇩다라삼먁삼보리심을 내면 이 일은 어려움이 되며,

보리심   시사위난   능발심이   구보살
菩提心이면 是事爲難이며 能發心已하고 求菩薩

행   배갱위난
行은 倍更爲難이니라

선남자   약욕성취일체지지   응결정구진
善男子야 若欲成就一切智智인댄 應決定求眞

선 지 식
善知識이니라

선남자   구선지식   물생피해   견선지식
善男子야 求善知識에 勿生疲懈하며 見善知識에

물생염족   어선지식   소유교회   개응수
勿生厭足하며 於善知識의 所有敎誨를 皆應隨

순   어선지식   선교방편   물견과실
順하며 於善知識의 善巧方便에 勿見過失이어다

능히 마음을 내고서 보살행을 구하는 것은 배나 더 어려움이 됩니다.

선남자여, 만약 일체지의 지혜를 성취하려 한다면, 응당 결정코 참 선지식을 구해야 합니다.

선남자여, 선지식을 구함에 피로해하거나 게으름을 내지 말며, 선지식을 봄에 만족해 싫어함을 내지 말며, 선지식이 지닌 바 가르치는 말씀을 모두 응당 수순해야 하며, 선지식의 교묘한 방편에 허물을 보지 말아야 합니다.

선남자　　어차남방　　유일국토　　명위승
善男子야 於此南方에 有一國土하니 名爲勝

락　　기국　　유산　　명왈묘봉　　어피산중
樂이요 其國에 有山하니 名曰妙峯이며 於彼山中에

유일비구　　명왈덕운
有一比丘하니 名曰德雲이라

여가왕문　　보살　　운하학보살행　　보살
汝可往問호대 菩薩이 云何學菩薩行이며 菩薩이

운하수보살행　　내지보살　　운하어보현행
云何修菩薩行이며 乃至菩薩이 云何於普賢行에

질득원만　　　덕운비구　　당위여설
疾得圓滿이리잇고하면 德雲比丘가 當爲汝說하리라

이시　　선재동자　　문시어이　　환희용약
爾時에 善財童子가 聞是語已하고 歡喜踊躍하야

두정례족　　요무수잡　　은근첨앙　　비읍
頭頂禮足하며 遶無數帀하고 慇懃瞻仰하며 悲泣

선남자여, 여기서 남방에 한 국토가 있으니 이름이 '승락'이고, 그 국토에 산이 있으니 이름이 '묘봉'입니다. 그 산중에 한 비구가 있으니 이름을 '덕운'이라 합니다.

그대가 가서 묻기를 '보살이 어떻게 보살행을 배우며, 보살이 어떻게 보살행을 닦으며, 내지 보살이 어떻게 보현행을 빨리 원만하게 합니까?'라고 하면, 덕운 비구가 마땅히 그대를 위하여 말해 줄 것입니다."

그때에 선재 동자가 이 말씀을 듣고는 기뻐 높이 뛰면서 발에 엎드려 절하며, 수없이 돌고 은근하게 우러러보면서 눈물을 흘리며, 하직

유루 사퇴남행
流淚하고 辭退南行하니라

향승락국 등묘봉산 어기산상 동서
向勝樂國하야 登妙峯山하야 於其山上에 東西

남북 사유상하 관찰구멱 갈앙욕견덕
南北과 四維上下로 觀察求覓하야 渴仰欲見德

운비구
雲比丘러니라

경우칠일 견피비구 재별산상 서보경
經于七日에 見彼比丘가 在別山上하야 徐步經

행 견이왕예 정례기족 우요삼잡
行하고 見已往詣하야 頂禮其足하며 右遶三帀하고

하고 물러가 남쪽으로 떠났다.

　승락국을 향하여 가서 묘봉산에 올랐다. 그 산 위에서 동서남북과 네 간방과 위와 아래를 살펴보고 찾아다니며 목마르게 우러러 덕운비구를 친견하려 하였다.

　칠일이 지나서 그 비구가 다른 산 위에서 천천히 거닐며 경행하는 것을 보았다. 보고는 나아가서 그 발에 엎드려 절하고 오른쪽으로 세 번 돌고는 앞에 머물러 이와 같이 말하였다.

　"성자시여, 제가 이미 먼저 아뇩다라삼먁삼

於前而住_{하야} 作如是言_{하니라}

聖者_여 我已先發阿耨多羅三藐三菩提心_{호니}

而未知菩薩_이 云何學菩薩行_{이며} 云何修菩薩

行_{이며} 乃至應云何於普賢行_에 疾得圓滿_{이리잇고}

我聞聖者_는 善能誘誨_{라하니} 唯願垂慈_{하사} 爲我

宣說_{하소서} 云何菩薩_이 而得成就阿耨多羅三

藐三菩提_{니잇고}

보리심을 내었으나, 보살이 어떻게 보살행을 배우며, 어떻게 보살행을 닦으며, 내지 응당 어떻게 보현행을 빨리 원만케 해야 하는지 알지 못합니다.

제가 들으니 성자께서 잘 능히 가르쳐 주신다고 합니다. 오직 원하오니, 자애를 드리워 저를 위하여 말씀해 주십시오. 어떻게 보살이 아뇩다라삼먁삼보리를 성취할 수 있습니까?"

그때에 덕운 비구가 선재에게 말하였다.
"훌륭하고 훌륭합니다! 선남자여, 그대가 이미 아뇩다라삼먁삼보리심을 능히 내었고, 다

시 덕운비구 고선재언
時에 德雲比丘가 告善財言하시니라

선재선재 선남자 여이능발아뇩다라삼
善哉善哉라 善男子여 汝已能發阿耨多羅三

먁삼보리심 부능청문제보살행 여시
藐三菩提心하고 復能請問諸菩薩行하니 如是

지사 난중지난
之事는 難中之難이니라

소위구보살행 구보살경계 구보살출
所謂求菩薩行하며 求菩薩境界하며 求菩薩出

리도 구보살청정도 구보살청정광대
離道하며 求菩薩淸淨道하며 求菩薩淸淨廣大

심 구보살성취신통
心하며 求菩薩成就神通하니라

구보살시현해탈문 구보살시현세간소작
求菩薩示現解脫門하며 求菩薩示現世間所作

시 모든 보살행을 능히 청해 물으니, 이와 같은 일은 어려운 중에 어려운 일입니다.

이른바 보살의 행을 구하며, 보살의 경계를 구하며, 보살의 벗어나는 도를 구하며, 보살의 청정한 도를 구하며, 보살의 청정하고 광대한 마음을 구하며, 보살의 성취한 신통을 구하는 것입니다.

보살의 나타내 보이는 해탈문을 구하며, 보살의 세간에 시현하여 짓는 바 업을 구하며, 보살의 중생을 수순하는 마음을 구하며, 보살의 생사와 열반의 문을 구하며, 보살의 함이 있고 함이 없음을 관찰하되 마음이 집착하는

업   구보살수순중생심   구보살생사열반
業하며 求菩薩隨順衆生心하며 求菩薩生死涅槃

문   구보살   관찰유위무위   심무소착
門하며 求菩薩의 觀察有爲無爲에 心無所著이니라

선남자   아득자재결정해력   신안청정
善男子야 我得自在決定解力하야 信眼清淨하며

지광조요   보관경계   이일체장   선교
智光照曜하며 普觀境界하며 離一切障하며 善巧

관찰   보안명철   구청정행
觀察하며 普眼明徹하야 具清淨行하나니라

왕예시방일체국토   공경공양일체제불
往詣十方一切國土하야 恭敬供養一切諸佛하며

상념일체제불여래   총지일체제불정법
常念一切諸佛如來하야 總持一切諸佛正法하며

상견일체시방제불
常見一切十方諸佛하나니라

바가 없음을 구하는 것입니다.

선남자여, 나는 자재하고 결정한 이해의 힘을 얻어서 믿음의 눈이 청정하며, 지혜 광명이 밝게 비치며, 경계를 널리 관하며, 일체 장애를 여의며, 교묘하게 관찰하며, 넓은 눈이 밝아서 청정한 행을 갖추었습니다.

시방의 일체 국토에 가서 일체 모든 부처님을 공경하고 공양올리며, 일체 모든 부처님 여래를 항상 생각하며, 일체 모든 부처님의 바른 법을 모두 지니며, 일체 시방의 모든 부처님을 항상 친견합니다.

이른바 동방에서 한 부처님과, 두 부처님과,

소위견어동방일불이불　　십불백불　　천불
所謂見於東方一佛二佛과　**十佛百佛**과　**千佛**

백천불　　억불백억불　　천억불백천억불　　나
百千佛과　**億佛百億佛**과　**千億佛百千億佛**과　**那**

유타억불　　백나유타억불　　천나유타억불
由他億佛과　**百那由他億佛**과　**千那由他億佛**과

백천나유타억불
百千那由他億佛하니라

내지견무수무량무변무등　　불가수불가칭
乃至見無數無量無邊無等과　**不可數不可稱**

불가사불가량불가설　　불가설불가설불
不可思不可量不可說과　**不可說不可說佛**하니라

내지견염부제미진수불　　사천하미진수불　　천
乃至見閻浮提微塵數佛과　**四天下微塵數佛**과　**千**

세계미진수불　　이천세계미진수불　　삼천
世界微塵數佛과　**二千世界微塵數佛**과　**三千**

열 부처님과, 백 부처님과, 천 부처님과, 백천 부처님과, 억 부처님과, 백억 부처님과, 천억 부처님과, 백천억 부처님과, 나유타 억 부처님과, 백 나유타 억 부처님과, 천 나유타 억 부처님과, 백천 나유타 억 부처님을 친견합니다.

내지 수없고, 한량없고, 가없고, 같음이 없고, 셀 수 없고, 일컬을 수 없고, 생각할 수 없고, 헤아릴 수 없고, 말할 수 없고, 말할 수 없이 말할 수 없는 부처님을 친견합니다.

내지 염부제 미진수의 부처님과, 사천하 미진수의 부처님과, 천 세계 미진수의 부처님과, 이천 세계 미진수의 부처님과, 삼천 세계 미진

세계미진수불   십불찰미진수불   내지불
世界微塵數佛과 十佛刹微塵數佛과 乃至不

가설불가설불찰미진수불
可說不可說佛刹微塵數佛이라

여동방   남서북방   사유상하   역부여
如東方하야 南西北方과 四維上下도 亦復如

시
是하나라

일일방중   소유제불   종종색상   종종
一一方中의 所有諸佛이 種種色相과 種種

형모   종종신통   종종유희   종종중회
形貌와 種種神通과 種種遊戲와 種種衆會의

장엄도량   종종광명   무변조요   종종국
莊嚴道場과 種種光明의 無邊照耀와 種種國

토   종종수명   수제중생   종종심락
土와 種種壽命으로 隨諸衆生의 種種心樂하야

수의 부처님과, 열 부처님 세계 미진수의 부처님과, 내지 말할 수 없이 말할 수 없는 부처님 세계 미진수의 부처님을 친견합니다.

동방에서와 같이 남방과 서방과 북방과 네 간방과 상방과 하방에서도 또한 이와 같습니다.

낱낱 방위에 계시는 모든 부처님께서 갖가지 색상과, 갖가지 형모와, 갖가지 신통과, 갖가지 유희와, 갖가지 대중모임의 장엄한 도량과, 갖가지 광명의 가없이 밝게 비침과, 갖가지 국토와, 갖가지 수명으로, 모든 중생들의 갖가지 마음에 좋아함을 따라 갖가지로 바른 깨달음 이루는 문을 나타내 보여서 대중 가운데서 사

시현종종성정각문 어대중중 이사자
示現種種成正覺門하사 **於大衆中**에 **而師子**

후
吼하시니라

선남자 아유득차억념일체제불경계지혜
善男子야 **我唯得此憶念一切諸佛境界智慧**

광명보견법문 기능요지제대보살 무
光明普見法門이어니 **豈能了知諸大菩薩**의 **無**

변지혜 청정행문
邊智慧와 **淸淨行門**이리오

소위지광보조염불문 상견일체제불국토
所謂智光普照念佛門이니 **常見一切諸佛國土**의

종종궁전 실엄정고 영일체중생염불문
種種宮殿이 **悉嚴淨故**며 **令一切衆生念佛門**이니

자후를 하십니다.

 선남자여, 나는 오직 이 일체 모든 부처님의 경계를 생각하여 지혜의 광명으로 널리 보는 법문만 얻었습니다. 어찌 능히 모든 큰 보살들의 가없는 지혜와 청정한 수행의 문을 밝게 알겠습니까?

 이른바 지혜의 광명이 널리 비치는 염불문이니 일체 모든 부처님 국토의 갖가지 궁전이 모두 깨끗하게 장엄됨을 항상 보는 까닭이며, 일체 중생이 부처님을 생각하게 하는 문이니 모든 중생들의 마음에 좋아하는 바를 따라서

수제중생심지소락   개령견불   득청정
隨諸衆生心之所樂하야 皆令見佛하고 得淸淨

고
故니라

영안주력염불문   영입여래십력중고   영
令安住力念佛門이니 令入如來十力中故며 令

안주법염불문   견무량불   청문법고
安住法念佛門이니 見無量佛하고 聽聞法故니라

조요제방염불문   실견일체제세계중등무
照耀諸方念佛門이니 悉見一切諸世界中等無

차별제불해고
差別諸佛海故니라

입불가견처염불문   실견일체미세경중제
入不可見處念佛門이니 悉見一切微細境中諸

불자재신통사고
佛自在神通事故니라

다 부처님을 친견하고 청정함을 얻게 하는 까닭입니다.

힘에 편안히 머무르게 하는 염불문이니 여래의 십력에 들어가게 하는 까닭이며, 법에 편안히 머무르게 하는 염불문이니 한량없는 부처님을 친견하고 법을 듣는 까닭입니다.

모든 방위를 밝게 비추는 염불문이니 일체 모든 세계 가운데 평등하여 차별 없는 모든 부처님바다를 다 보는 까닭입니다.

볼 수 없는 곳에 들어가는 염불문이니 일체 미세한 경계 가운데 모든 부처님의 자재하신 신통의 일을 모두 보는 까닭입니다.

주어제겁염불문
住於諸劫念佛門이니 一切劫中에 **常見如來諸**

소시위　　무잠사고
所施爲하야 **無暫捨故**니라

주일체시염불문　　　어일체시　　상견여래
住一切時念佛門이니 **於一切時**에 **常見如來**하고

친근동주　　불사리고
親近同住하야 **不捨離故**니라

주일체찰염불문　　　일체국토　　함견불신
住一切刹念佛門이니 **一切國土**에 **咸見佛身**이

초과일체　　무여등고
超過一切하야 **無與等故**니라

주일체세염불문　　　수어자심지소욕락
住一切世念佛門이니 **隨於自心之所欲樂**하야

보견삼세제여래고
普見三世諸如來故니라

모든 겁에 머무르는 염불문이니 일체 겁에 여래의 모든 베푸시는 바를 항상 보고 잠깐도 버리지 않는 까닭입니다.

일체 시간에 머무르는 염불문이니 일체 시간에 여래를 항상 친견하고 친근하여 함께 머물러서 버리어 여의지 않는 까닭입니다.

일체 세계에 머무르는 염불문이니 일체 국토에서 부처님 몸이 일체를 뛰어넘어 더불어 같음이 없음을 다 보는 까닭입니다.

일체 세상에 머무르는 염불문이니 자기 마음의 하고자 하는 바 즐거움을 따라서 삼세의 모든 여래를 널리 보는 까닭입니다.

주일체경염불문 보어일체제경계중 견
住一切境念佛門이니 **普於一切諸境界中**에 **見**

제여래 차제현고
諸如來가 **次第現故**니라

주적멸염불문 어일념중 견일체찰일체
住寂滅念佛門이니 **於一念中**에 **見一切剎一切**

제불 시열반고
諸佛이 **示涅槃故**니라

주원리염불문 어일일중 견일체불 종
住遠離念佛門이니 **於一日中**에 **見一切佛**이 **從**

기소주이출거고
其所住而出去故니라

주광대염불문 심상관찰일일불신 충변
住廣大念佛門이니 **心常觀察一一佛身**이 **充徧**

일체제법계고
一切諸法界故니라

일체 경계에 머무르는 염불문이니 널리 일체 모든 경계 가운데 모든 여래께서 차례로 나타나심을 보는 까닭입니다.

적멸에 머무르는 염불문이니 한 생각 사이에 일체 세계의 일체 모든 부처님께서 열반을 보이심을 보는 까닭입니다.

멀리 여읨에 머무르는 염불문이니 하루 동안에 일체 부처님께서 그 머무르시던 곳에서 떠나가심을 보는 까닭입니다.

광대함에 머무르는 염불문이니 낱낱 부처님의 몸이 일체 모든 법계에 가득하심을 마음으로 항상 관찰하는 까닭입니다.

주미세염불문 어일모단 유불가설여래
住微細念佛門이니 於一毛端에 有不可說如來

출현 실지기소 이승사고
出現이어든 悉至其所하야 而承事故니라

주장엄염불문 어일념중 견일체찰 개
住莊嚴念佛門이니 於一念中에 見一切刹에 皆

유제불 성등정각 현신변고
有諸佛이 成等正覺하야 現神變故니라

주능사염불문 견일체불 출현세간
住能事念佛門이니 見一切佛이 出現世間하사

방지혜광 전법륜고
放智慧光하야 轉法輪故니라

주자재심염불문 지수자심소유욕락
住自在心念佛門이니 知隨自心所有欲樂하야

일체제불 현기상고
一切諸佛이 現其像故니라

미세함에 머무르는 염불문이니 한 털끝에 말할 수 없는 여래께서 출현하심이 있으면 모두 그곳에 가서 받들어 섬기는 까닭입니다.

장엄함에 머무르는 염불문이니 한 생각 사이에 일체 세계에 다 모든 부처님께서 계셔서 평등하고 바른 깨달음을 이루어 신통 변화를 나타내심을 보는 까닭입니다.

능히 하는 일에 머무르는 염불문이니 일체 부처님께서 세간에 출현하시어 지혜의 광명을 놓아 법륜 굴리심을 보는 까닭입니다.

자재한 마음에 머무르는 염불문이니 자기 마음에 있는 바 욕락을 따라서 일체 모든 부처님께

주자업염불문　　　지수중생소적집업　　현
住自業念佛門이니 知隨衆生所積集業하야 現

기영상　　영각오고
其影像하야 令覺悟故니라

주신변염불문　　　견불소좌광대연화　　주변
住神變念佛門이니 見佛所坐廣大蓮華가 周徧

법계　　이개부고
法界하야 而開敷故니라

주허공염불문　　　관찰여래소유신운　　장엄
住虛空念佛門이니 觀察如來所有身雲이 莊嚴

법계허공계고　　이아운하능지능설피공덕
法界虛空界故니 而我云何能知能說彼功德

행
行이리오

서 그 형상을 나타내시는 것을 아는 까닭입니다.

자기 업에 머무르는 염불문이니 중생이 쌓아 모은 바 업을 따라 그 영상을 나타내어 깨닫게 하는 것을 아는 까닭입니다.

신통 변화에 머무르는 염불문이니 부처님께서 앉으신 넓고 큰 연꽃이 법계에 두루두루 피는 것을 보는 까닭입니다.

허공에 머무르는 염불문이니 여래께서 지니신 몸구름이 법계와 허공계를 장엄함을 관찰하는 까닭입니다.

내가 어떻게 그 공덕의 행을 능히 알고 능히 말하겠습니까?

선남자　　남방　　유국　　　명왈해문　　　피유비
善男子야 南方에 有國하니 名曰海門이요 彼有比

구　　　명위해운
丘하니 名爲海雲이라

여왕피문　　　보살　　운하학보살행　　　수보
汝往彼問호대 菩薩이 云何學菩薩行이며 修菩

살도　　　　해운비구　　능분별설　　　발기광
薩道리잇고하면 海雲比丘가 能分別說하야 發起廣

대선근인연
大善根因緣하리니라

선남자　　해운비구　　당령여　　입광대조도
善男子야 海雲比丘가 當令汝로 入廣大助道

위　　　당령여　　생광대선근력　　　당위여
位하며 當令汝로 生廣大善根力하며 當爲汝하야

설발보리심인
說發菩提心因하니라

선남자여, 남방에 나라가 있으니 이름이 '해문'이고, 거기에 비구가 있으니 이름이 '해운'입니다.

그대가 그에게 가서 묻기를 '보살이 어떻게 보살행을 배우며, 보살도를 닦아야 합니까?'라고 하면, 해운 비구가 광대한 선근을 일으키는 인연을 능히 분별하여 말할 것입니다.

선남자여, 해운 비구가 마땅히 그대가 광대한 도를 돕는 지위에 들어가게 하며, 마땅히 그대가 광대한 선근의 힘을 내게 하며, 마땅히 그대를 위하여 보리심을 내는 원인을 말할 것입니다.

當令汝로 生廣大乘光明하며 當令汝로 修廣大

波羅蜜하며 當令汝로 入廣大諸行海하나라

當令汝로 滿廣大誓願輪하며 當令汝로 淨廣大

莊嚴門하며 當令汝로 生廣大慈悲力하리라

時에 善財童子가 禮德雲比丘足하며 右遶觀

察하고 辭退而去하니라

마땅히 그대가 광대한 수레의 광명을 내게 하며, 마땅히 그대가 광대한 바라밀을 닦게 하며, 마땅히 그대가 광대한 모든 행바다에 들어가게 할 것입니다.

마땅히 그대가 광대한 서원의 바퀴를 원만하게 하며, 마땅히 그대가 광대한 장엄의 문을 깨끗하게 하며, 마땅히 그대가 광대한 자비의 힘을 내게 할 것입니다."

그때에 선재 동자가 덕운 비구의 발에 절하며, 오른쪽으로 돌고 관찰하며, 하직하고 물러갔다.

이시　선재동자　일심사유선지식교　　정
爾時에 善財童子가 一心思惟善知識敎하야 正

념관찰지혜광명문　　정념관찰보살해탈
念觀察智慧光明門하며 正念觀察菩薩解脫

문
門하나라

정념관찰보살삼매문　　정념관찰보살대해
正念觀察菩薩三昧門하며 正念觀察菩薩大海

문　정념관찰제불현전문　정념관찰제
門하며 正念觀察諸佛現前門하며 正念觀察諸

불방소문
佛方所門하나라

정념관찰제불궤칙문　　정념관찰제불등허
正念觀察諸佛軌則門하며 正念觀察諸佛等虛

공계문　정념관찰제불출현차제문　　정
空界門하며 正念觀察諸佛出現次第門하며 正

그때에 선재 동자가 일심으로 선지식의 가르침을 사유하여 바른 생각으로 지혜 광명의 문을 관찰하며, 바른 생각으로 보살의 해탈의 문을 관찰하였다.

바른 생각으로 보살의 삼매의 문을 관찰하며, 바른 생각으로 보살의 큰 바다의 문을 관찰하며, 바른 생각으로 모든 부처님께서 앞에 나타나시는 문을 관찰하며, 바른 생각으로 모든 부처님의 처소의 문을 관찰하였다.

바른 생각으로 모든 부처님의 법칙의 문을 관찰하며, 바른 생각으로 모든 부처님의 허공계와 평등한 문을 관찰하며, 바른 생각으로

념관찰제불소입방편문
念觀察諸佛所入方便門하니라

점차남행 지해문국 향해운비구소
漸次南行하야 至海門國하야 向海雲比丘所하야

정례기족 우요필이 어전합장 작여
頂禮其足하며 右遶畢已하고 於前合掌하야 作如

시언
是言하니라

성자 아이선발아뇩다라삼먁삼보리심
聖者여 我已先發阿耨多羅三藐三菩提心하야

욕입일체무상지해 이미지보살 운하
欲入一切無上智海하노니 而未知菩薩이 云何

능사세속가 생여래가 운하능도생사
能捨世俗家하고 生如來家하며 云何能度生死

해 입불지해
海하야 入佛智海이니잇고

모든 부처님의 출현하시는 차례의 문을 관찰하며, 바른 생각으로 모든 부처님의 들어가신 바 방편의 문을 관찰하였다.

점차 남쪽으로 가서 해문국에 이르러 해운비구의 처소를 향하여 가서, 그 발에 정례하고 오른쪽으로 돌기를 마치고, 앞에서 합장하며 이와 같이 말하였다.

"성자시여, 저는 이미 아뇩다라삼먁삼보리심을 내어, 일체 위없는 지혜바다에 들어가려 합니다. 그러나 알지 못하겠습니다. 보살이 어떻게 세속의 집을 능히 버리고 여래의 집에 태어나며, 어떻게 생사바다를 능히 건너서 부처님

운하능리범부지 입여래지 운하능단
云何能離凡夫地하고 入如來地하며 云何能斷

생사류 입보살행류 운하능파생사
生死流하고 入菩薩行流하며 云何能破生死

륜 성보살원륜 운하능멸마경계 현
輪하고 成菩薩願輪하며 云何能滅魔境界하고 顯

불경계
佛境界이니잇고

운하능갈애욕해 장대비해 운하능폐
云何能竭愛欲海하고 長大悲海하며 云何能閉

중난악취문 개제천열반문 운하능출
衆難惡趣門하고 開諸天涅槃門하며 云何能出

삼계성 입일체지성 운하능기사일체
三界城하야 入一切智城하며 云何能棄捨一切

완호지물 실이요익일체중생
玩好之物하야 悉以饒益一切衆生이니잇고

의 지혜바다에 들어갑니까?

 어떻게 범부의 지위를 능히 여의고 여래의 지위에 들어가며, 어떻게 생사의 흐름을 능히 끊고 보살행의 흐름에 들어가며, 어떻게 생사의 바퀴를 능히 깨뜨리고 보살 서원의 바퀴를 이루며, 어떻게 마의 경계를 능히 없애고 부처님의 경계를 나타냅니까?

 어떻게 애욕바다를 능히 말리고 대비바다를 늘게 하며, 어떻게 온갖 난관과 나쁜 갈래의 문을 능히 닫고 모든 천상의 열반의 문을 열며, 어떻게 삼계의 성에서 능히 벗어나 일체지의 성에 들어가며, 어떻게 일체 노리개를 능히 버리

시   해운비구   고선재언   선남자   여이
時에 海雲比丘가 告善財言하사대 善男子야 汝已

발아뇩다라삼먁삼보리심야
發阿耨多羅三藐三菩提心耶아

선재 언   유   아이선발아뇩다라삼먁삼
善財가 言호대 唯라 我已先發阿耨多羅三藐三

보리심
菩提心호이다

해운 언
海雲이 言하시니라

선남자   약제중생   부종선근   즉불능발
善男子야 若諸衆生이 不種善根이면 則不能發

아뇩다라삼먁삼보리심
阿耨多羅三藐三菩提心이니라

요득보문선근광명   구진실도삼매지광
要得普門善根光明하며 具眞實道三昧智光하며

고 모두 일체 중생을 요익하게 합니까?"

그때에 해운 비구가 선재에게 말하였다. "선남자여, 그대는 이미 아뇩다라삼먁삼보리심을 내었습니까?"

선재가 대답하였다. "그렇습니다. 저는 이미 아뇩다라삼먁삼보리심을 내었습니다."

해운이 말하였다.

"선남자여, 만약 모든 중생들이 선근을 심지 아니하면 곧 아뇩다라삼먁삼보리심을 능히 내지 못합니다.

요컨대 넓은 문의 선근 광명을 얻으며, 진실

출생종종광대복해　　　장백정법　무유해식
出生種種廣大福海하며 長白淨法에 無有懈息하며

사선지식　불생피염
事善知識에 不生疲厭하나니라

불고신명　　　무소장적　　　등심여지　　　무유
不顧身命하야 無所藏積하며 等心如地하야 無有

고하　　　성상자민일체중생　　　어제유취
高下하며 性常慈愍一切衆生하며 於諸有趣에

전념불사　　　항락관찰여래경계　　　여시내
專念不捨하며 恒樂觀察如來境界하야 如是乃

능발보리심
能發菩提心이니라

발보리심자　　소위발대비심　　　보구일체중
發菩提心者는 所謂發大悲心이니 普救一切衆

생고　　발대자심　　　등우일체세간고　　발안
生故며 發大慈心이니 等祐一切世間故며 發安

한 길인 삼매의 지혜 광명을 갖추며, 갖가지 광대한 복바다를 내며, 희고 깨끗한 법을 자라게 함에 게으름이 없으며, 선지식을 섬김에 피로해하거나 싫어함을 내지 말아야 합니다.

몸과 목숨을 돌보지 아니하여 쌓아 두는 것이 없으며, 평등한 마음이 땅과 같아서 높고 낮음이 없으며, 성품이 항상 일체 중생을 사랑하고 불쌍히 여기며, 모든 존재의 갈래를 오로지 생각하고 버리지 말며, 항상 여래의 경계 관찰하기를 좋아하여야, 이와 같이 이에 보리심을 낼 수 있습니다.

보리심을 내는 것은 이른바 대비의 마음을 냄

락심　　　영일체중생　　　멸제고고　　발요익
樂心이니 令一切衆生으로 滅諸苦故며 發饒益

심　　　영일체중생　　　이악법고
心이니 令一切衆生으로 離惡法故니라

발애민심　　　유포외자　　함수호고　　발무애
發哀愍心이니 有怖畏者를 咸守護故며 發無礙

심　　사리일체제장애고　　발광대심　　　일
心이니 捨離一切諸障礙故며 發廣大心이니 一

체법계　　함변만고　　발무변심　　　등허공계
切法界에 咸徧滿故며 發無邊心이니 等虛空界에

무불왕고
無不往故니라

발관박심　　　실견일체제여래고　　발청정
發寬博心이니 悉見一切諸如來故며 發淸淨

심　　어삼세법　　지무위고　　발지혜심　　　보
心이니 於三世法에 智無違故며 發智慧心이니 普

이니 일체 중생을 널리 구제하는 까닭이며, 대자의 마음을 냄이니 일체 세간을 평등하게 돕는 까닭이며, 안락하게 하는 마음을 냄이니 일체 중생이 모든 괴로움을 없애게 하는 까닭이며, 요익하게 하는 마음을 냄이니 일체 중생이 나쁜 법을 떠나게 하는 까닭입니다.

　슬피 여기는 마음을 냄이니 두려움이 있는 자를 다 수호하는 까닭이며, 걸림 없는 마음을 냄이니 일체 모든 장애를 버려 여의는 까닭이며, 광대한 마음을 냄이니 일체 법계에 다 두루 가득한 까닭이며, 가없는 마음을 냄이니 허공과 같은 세계에 가지 않음이 없는 까닭입

입일체지혜해고
入一切智慧海故니라

선남자 아주차해문국 십유이년 상이
善男子야 我住此海門國하야 十有二年을 常以

대해 위기경계
大海로 爲其境界하나니라

소위사유대해 광대무량 사유대해 심
所謂思惟大海의 廣大無量하며 思惟大海의 甚

심난측 사유대해 점차심광
深難測하며 思惟大海의 漸次深廣하나니라

사유대해 무량중보 기묘장엄 사유대
思惟大海의 無量衆寶가 奇妙莊嚴하며 思惟大

해 적무량수 사유대해 수색부동 불
海의 積無量水하며 思惟大海의 水色不同이 不

가사의
可思議하나니라

니다.

　너그럽고 넓은 마음을 냄이니 일체 모든 여래를 다 친견하는 까닭이며, 청정한 마음을 냄이니 삼세 법에 지혜가 어김이 없는 까닭이며, 지혜의 마음을 냄이니 일체 지혜바다에 널리 들어가는 까닭입니다.

　선남자여, 내가 이 해문국에 머물러 십이 년을 항상 큰 바다로 그 경계를 삼았습니다.

　이른바 큰 바다가 광대하고 한량이 없음을 사유하며, 큰 바다가 매우 깊어서 측량하기 어려움을 사유하며, 큰 바다가 점차 깊고 넓어짐을 사유하였습니다.

사유대해　무량중생지소주처　사유대
思惟大海의 無量衆生之所住處하며 思惟大

해　용수종종대신중생　사유대해　능
海의 容受種種大身衆生하며 思惟大海의 能

수대운소우지우　사유대해　무증무
受大雲所雨之雨하며 思惟大海의 無增無

감
減이니라

선남자　아사유시　부작시념
善男子야 我思惟時에 復作是念하니라

세간지중　파유광박　과차해부　파유무
世間之中에 頗有廣博이 過此海不아 頗有無

량　과차해부　파유심심　과차해부　파유
量이 過此海不아 頗有甚深이 過此海不아 頗有

수특　과차해부
殊特이 過此海不아호라

큰 바다가 한량없는 온갖 보배들이 기묘하게 장엄함을 사유하며, 큰 바다가 한량없는 물이 쌓였음을 사유하며, 큰 바다가 물빛이 같지 않음이 불가사의함을 사유하였습니다.

큰 바다가 한량없는 중생들이 머무르는 곳임을 사유하며, 큰 바다가 갖가지 큰 몸의 중생들을 수용함을 사유하며, 큰 바다가 큰 구름에서 내리는 비를 능히 받아들임을 사유하며, 큰 바다가 늘지도 않고 줄지도 않음을 사유하였습니다.

선남자여, 내가 사유할 때에 다시 이 생각을 하였습니다.

선남자　아작시념시　차해지하　유대연
善男子야 我作是念時에 此海之下에 有大蓮

화　홀연출현
華가 忽然出現하니라

이무능승인다라니라보　위경　폐유리보
以無能勝因陀羅尼羅寶로 爲莖하고 吠瑠璃寶로

위장　염부단금　위엽　침수　위대
爲藏하고 閻浮檀金으로 爲葉하고 沈水로 爲臺하고

마노　위수　분부포호　미부대해
碼碯로 爲鬚하야 芬敷布濩하야 彌覆大海니라

백만아수라왕　집지기경　백만마니보장
百萬阿脩羅王이 執持其莖하며 百萬摩尼寶莊

엄망　미부기상　백만용왕　우이향수
嚴網으로 彌覆其上하며 百萬龍王이 雨以香水하며

백만가루라왕　함제영락　급보증대　주
百萬迦樓羅王이 銜諸瓔珞과 及寶繒帶하야 周

'세간 가운데 자못 넓고 넓음이 이 바다를 초과하는 것이 있는가? 자못 한량없음이 이 바다를 초과하는 것이 있는가? 자못 매우 깊음이 이 바다를 초과하는 것이 있는가? 자못 특수함이 이 바다를 초과하는 것이 있는가?'

선남자여, 내가 이 생각을 할 때에 이 바다 밑에서 큰 연꽃이 홀연히 나타났습니다.

더 수승할 수 없는 인다라니라 보배로 줄기가 되고, 폐유리 보배로 연자가 되고, 염부단금으로 잎이 되고, 침수향으로 꽃판이 되고, 마노로 꽃술이 되어 향기롭게 퍼져서 큰 바다를 두루 덮었습니다.

잡 수 하
市垂下하니라

백만나찰왕　　자심관찰　　　백만야차왕　　공
百萬羅刹王이 慈心觀察하며 百萬夜叉王이 恭

경예배　　백만건달바왕　　종종음악　　　찬
敬禮拜하며 百萬乾闥婆王이 種種音樂으로 讚

탄공양　　백만천왕　　우제천화　　천만　　천
歎供養하며 百萬天王이 雨諸天華와 天鬘과 天

향　　천소향　　천도향　　천말향　　천묘의복
香과 天燒香과 天塗香과 天末香과 天妙衣服과

천당번개
天幢幡蓋하니라

백만범왕　　두정예경　　　백만정거천　　합장
百萬梵王이 頭頂禮敬하며 百萬淨居天이 合掌

작례　　백만전륜왕　　각이칠보　　장엄공
作禮하며 百萬轉輪王이 各以七寶로 莊嚴供

백만 아수라왕이 그 줄기를 잡아서 백만 마니보배로 장엄한 그물로 그 위를 두루 덮고, 백만 용왕이 향수를 비내리고, 백만 가루라왕이 모든 영락과 보배 비단 띠를 물어서 두루두루 드리웠습니다.

백만 나찰왕이 자애로운 마음으로 살펴보며, 백만 야차왕이 공경히 예배하며, 백만 건달바왕이 갖가지 음악으로 찬탄하고 공양올리며, 백만 천왕이 모든 하늘 꽃과 하늘 화만과 하늘 향과 하늘 사르는 향과 하늘 바르는 향과 하늘 가루 향과 하늘 미묘한 의복과 하늘 당기와 번기와 일산을 비내렸습니다.

養하며 百萬海神이 俱時出現하야 恭敬頂禮하니라

百萬味光摩尼寶가 光明普照하며 百萬淨福摩

尼寶로 以爲莊嚴하며 百萬普光摩尼寶로 爲淸

淨藏하며 百萬殊勝摩尼寶가 其光赫奕하며 百

萬妙藏摩尼寶가 光照無邊하니라

百萬閻浮幢摩尼寶가 次第行列하며 百萬金剛

師子摩尼寶가 不可破壞하야 淸淨莊嚴하며 百

萬日藏摩尼寶가 廣大淸淨하며 百萬可樂摩尼

백만 범왕이 머리 숙여 예경하며, 백만 정거천이 합장하고 예를 올리며, 백만 전륜왕이 각각 칠보로 장엄하여 공양올리며, 백만 바다신은 동시에 나타나서 공경히 머리 숙여 예배하였습니다.

백만 미광 마니보배가 광명이 널리 비치며, 백만 정복 마니보배로 장엄하며, 백만 보광 마니보배로 청정한 창고가 되며, 백만 수승 마니보배는 그 빛이 찬란하며, 백만 묘장 마니보배는 광명이 가없이 비치었습니다.

백만 염부당 마니보배가 차례로 줄을 짓고, 백만 금강사자 마니보배는 파괴할 수 없이 청

寶가 具種種色하며 百萬如意摩尼寶가 莊嚴無
盡하야 光明照耀하니라

此大蓮華가 如來出世善根所起라 一切菩薩이
皆生信樂하며 十方世界가 無不現前하니 從如
幻法生이며 如夢法生이며 淸淨業生이며 無諍法
門之所莊嚴이라

入無爲印하며 住無礙門하며 充滿十方一切國
土하며 隨順諸佛甚深境界하니 於無數百千劫에

정하게 장엄하며, 백만 일장 마니보배는 광대하게 청정하며, 백만 가락 마니보배는 갖가지 빛을 갖추며, 백만 여의 마니보배는 다함없이 장엄되어 광명이 밝게 비치었습니다.

이 큰 연꽃은 여래께서 세상에 출현하시는 선근으로 일어난 것이라, 일체 보살이 다 믿고 좋아하며 시방세계가 앞에 나타나지 않음이 없습니다. 환과 같은 법에서 났으며, 꿈과 같은 법에서 났으며, 청정한 업에서 났으며, 다툼이 없는 법문으로 장엄한 것입니다.

함이 없는 법인에 들어갔으며, 걸림 없는 문에 머물러 시방의 일체 국토에 가득하였으며,

탄기공덕　　　불가득진
歎其功德이라도 不可得盡이니라

아시　견피연화지상　유일여래　결가부
我時에 見彼蓮華之上에 有一如來가 結跏趺

좌　　　기신　종차상지유정　　　보련화좌
坐하사대 其身이 從此上至有頂하시니 寶蓮華座가

불가사의　도량중회　불가사의　제상성취
不可思議며 道場衆會가 不可思議며 諸相成就가

불가사의　수호원만　불가사의
不可思議며 隨好圓滿이 不可思議니라

신통변화　불가사의　색상청정　불가사
神通變化가 不可思議며 色相淸淨이 不可思

의　무견정상　불가사의　광장설상　불
議며 無見頂相이 不可思議며 廣長舌相이 不

가사의　선교언설　불가사의
可思議며 善巧言說이 不可思議니라

모든 부처님의 매우 깊은 경계를 따르니, 수없는 백천 겁 동안 그 공덕을 찬탄하여도 다 할 수 없습니다.

내가 그때에 보니 그 연꽃 위에 한 분의 여래께서 결가부좌하고 계셨는데 그 몸이 여기서부터 위로 유정천까지 이르렀습니다. 보배 연꽃 자리가 불가사의하며, 도량의 대중모임도 불가사의하며, 모든 모습이 성취됨도 불가사의하며, 따라서 잘생긴 모습이 원만하심도 불가사의하였습니다.

신통 변화도 불가사의하며, 색상이 청정함도 불가사의하며, 볼 수 없는 정수리의 모습도 불

圓滿音聲이 不可思議며 無邊際力이 不可思
議며 淸淨無畏가 不可思議며 廣大辯才가 不可
思議니라

又念彼佛의 往修諸行이 不可思議며 自在成
道가 不可思議며 妙音演法이 不可思議며 普門
示現種種莊嚴이 不可思議며 隨其左右하야 見
各差別이 不可思議며 一切利益하야 皆令圓滿이
不可思議니라

가사의하며, 넓고 긴 혀의 모습도 불가사의하며, 교묘한 말씀도 불가사의하였습니다.

원만한 음성도 불가사의하며, 끝이 없는 힘도 불가사의하며, 청정하고 두려움 없음도 불가사의하며, 광대한 변재도 불가사의하였습니다.

또 생각하니 그 부처님께서 지난 옛적에 모든 행을 닦으심도 불가사의하며, 자재하게 도를 이루심도 불가사의하며, 묘한 음성으로 법을 펴심도 불가사의하며, 넓은 문으로 갖가지 장엄을 나타내 보이심도 불가사의하며, 그 좌우를 따라서 보시는 것이 각각 차별함도 불가사의하며, 일체를 이익하게 하여 다 원만하게

시차여래 즉신우수   이마아정   위아
時此如來가 卽申右手하사 而摩我頂하시고 爲我

연설보안법문   개시일체여래경계   현
演說普眼法門하사 開示一切如來境界하시며 顯

발일체보살제행   천명일체제불묘법
發一切菩薩諸行하시며 闡明一切諸佛妙法하시니

일체법륜 실입기중
一切法輪이 悉入其中하니라

능정일체제불국토   능최일체이도사
能淨一切諸佛國土하시며 能摧一切異道邪

론 능멸일체제마군중   능령중생
論하시며 能滅一切諸魔軍衆하시며 能令衆生으로

개생환희 능조일체중생심행   능
皆生歡喜하시며 能照一切衆生心行하시며 能

료일체중생제근   수중생심 실령개
了一切衆生諸根하시며 隨衆生心하야 悉令開

하심도 불가사의하였습니다.

그때에 이 여래께서 곧 오른손을 펴시어 나의 정수리를 만지시고, 나를 위하여 보안 법문을 연설하여 일체 여래의 경계를 열어 보이시며, 일체 보살의 모든 행을 드러내시며, 일체 모든 부처님의 미묘한 법을 열어 밝히시니, 일체 법륜이 모두 그 가운데 들어갔습니다.

능히 일체 모든 부처님의 국토를 깨끗하게 하시며, 능히 일체 외도의 삿된 이론을 꺾으시며, 능히 일체 모든 마군 무리들을 멸하시며, 능히 중생들이 다 환희하게 하시며, 능히 일체 중생의 마음 행을 비추시며, 능히 일체 중

오
悟하시니라

아종어피여래지소 문차법문 수지독
我從於彼如來之所하야 聞此法門하고 受持讀

송   억념관찰
誦하며 憶念觀察호니라

가사유인   이대해량묵   수미취필   서사어
假使有人이 以大海量墨과 須彌聚筆로 書寫於

차보안법문   일품중일문   일문중일법
此普眼法門의 一品中一門과 一門中一法과

일법중일의   일의중일구   부득소분
一法中一義와 一義中一句라도 不得少分이어든

하황능진
何況能盡가

선남자 아어피불소 천이백세 수지여
善男子야 我於彼佛所에 千二百歲를 受持如

생의 모든 근을 분명히 알아 중생들의 마음을 따라 모두 깨닫게 하시었습니다.

내가 그 여래의 처소에서 이 법문을 듣고 받아 지니고 읽고 외우며 기억하고 관찰하였습니다.

가령 어떤 사람이 큰 바다 양의 먹과 수미산 무더기의 붓으로 이 보안 법문의 한 품 가운데 한 문과, 한 문 가운데 한 법과, 한 법 가운데 한 뜻과, 한 뜻 가운데 한 구절을 베껴 쓰더라도 조금도 얻을 수 없는데, 어찌 하물며 다할 수 있겠습니까?

선남자여, 내가 그 부처님 처소에서 천 이백

是普眼法門하야 於日日中에 以聞持陀羅尼光
明으로 領受無數品하며 以寂靜門陀羅尼光明으로
趣入無數品하나라

以無邊旋陀羅尼光明으로 普入無數品하며 以
隨地觀察陀羅尼光明으로 分別無數品하며 以
威力陀羅尼光明으로 普攝無數品하며 以蓮華
莊嚴陀羅尼光明으로 引發無數品하나라

以淸淨言音陀羅尼光明으로 開演無數品하며

년 동안 이와 같은 보안 법문을 받아 지니고, 날마다 들어 지니는 다라니 광명으로 수없는 품을 받아들이고, 고요한 문 다라니 광명으로 수없는 품에 들어갔습니다.

가없이 도는 다라니 광명으로 수없는 품에 널리 들어가며, 지위를 따라 관찰하는 다라니 광명으로 수없는 품을 분별하며, 위력 다라니 광명으로 수없는 품을 널리 거두며, 연꽃 장엄 다라니 광명으로 수없는 품을 이끌어 내었습니다.

청정한 음성 다라니 광명으로 수없는 품을 연설하며, 허공장 다라니 광명으로 수없는 품

이허공장다라니광명   현시무수품   이
以虛空藏陀羅尼光明으로 顯示無數品하며 以

광취다라니광명   증광무수품   이해장
光聚陀羅尼光明으로 增廣無數品하며 以海藏

다라니광명   변석무수품
陀羅尼光明으로 辨析無數品하나라

약유중생 종시방래   약천약천왕 약용
若有衆生이 從十方來하며 若天若天王과 若龍

약용왕 약야차약야차왕   약건달바약건
若龍王과 若夜叉若夜叉王과 若乾闥婆若乾

달바왕 약아수라약아수라왕 약가루라
闥婆王과 若阿脩羅若阿脩羅王과 若迦樓羅

약가루라왕 약긴나라약긴나라왕 약마
若迦樓羅王과 若緊那羅若緊那羅王과 若摩

후라가약마후라가왕 약인약인왕 약범
睺羅伽若摩睺羅伽王과 若人若人王과 若梵

을 드러내 보이며, 광명 무더기 다라니 광명으로 수없는 품을 더욱 넓히며, 바다창고 다라니 광명으로 수없는 품을 분석하여 밝혔습니다.

만약 어떤 중생이 시방에서 오며, 하늘과 하늘 왕과, 용과 용왕과, 야차와 야차왕과, 건달바와 건달바왕과, 아수라와 아수라왕과, 가루라와 가루라왕과, 긴나라와 긴나라왕과, 마후라가와 마후라가왕과, 사람과 사람왕과, 범천과 범천왕인, 이와 같은 일체가 나의 처소에 와서 이르면, 내가 모두 그들을 위하여 열어 보이고 해석하며 칭찬하여 다 사랑하고 좋아하며, 이 모든 부처님의 보살

若梵王인 如是一切가 來至我所라도 我悉爲其

開示解釋하며 稱揚讚歎하야 咸令愛樂하야 趣入

安住此諸佛菩薩行光明普眼法門이로라

善男子야 我唯知此普眼法門이어니와 如諸菩

薩摩訶薩은 深入一切菩薩行海니 隨其願力하야

而修行故며 入大願海니 於無量劫에 住世

間故며 入一切衆生海니 隨其心樂하야 廣利益

행 광명인 보안 법문에 들어가 편안히 머무르게 하였습니다.

선남자여, 나는 오직 이 보안 법문만 알 뿐입니다. 저 모든 보살마하살들은 일체 보살행의 바다에 깊이 들어가니 그 원력을 따라서 수행하는 까닭이며, 큰 서원바다에 들어가니 한량없는 겁 동안 세간에 머무르는 까닭이며, 일체 중생바다에 들어가니 그 마음에 좋아함을 따라 널리 이익하게 하는 까닭입니다.

일체 중생의 마음바다에 들어가니 십력과 걸림 없는 지혜 광명을 출생하는 까닭이며, 일

고
故니라

입일체중생심해　　출생십력무애지광고
入一切衆生心海니 出生十力無礙智光故며

입일체중생근해　　응시교화　　실령조복고
入一切衆生根海니 應時敎化하야 悉令調伏故며

입일체찰해　　성만본원　　엄정불찰고
入一切刹海니 成滿本願하야 嚴淨佛刹故니라

입일체불해　　원상공양제여래고　　입일체
入一切佛海니 願常供養諸如來故며 入一切

법해　　능이지혜　　함오입고　　입일체공덕해
法海니 能以智慧로 咸悟入故며 入一切功德海니

일일수행　　영구족고　　입일체중생언사해
一一修行하야 令具足故며 入一切衆生言辭海니

어일체찰　　전정법륜고　　이아운하능지능설
於一切刹에 轉正法輪故니 而我云何能知能說

체 중생의 근바다에 들어가니 때를 맞추어 교화하여 모두 조복하게 하는 까닭이며, 일체 세계바다에 들어가니 본래의 서원을 원만히 이루어 부처님 세계를 깨끗이 장엄하는 까닭입니다.

일체 부처님바다에 들어가니 모든 여래께 항상 공양올리기를 원하는 까닭이며, 일체 법바다에 들어가니 능히 지혜로 다 깨달아 들어가는 까닭이며, 일체 공덕바다에 들어가니 낱낱이 수행하여 구족하게 하는 까닭이며, 일체 중생의 말바다에 들어가니 일체 세계에서 바른 법륜을 굴리는 까닭입니다.

피공덕행
彼功德行이리오

선남자 종차남행육십유순 능가도변
善男子야 **從此南行六十由旬**하야 **楞伽道邊**에

유일취락 명위해안 피유비구 명왈
有一聚落하니 **名爲海岸**이요 **彼有比丘**하니 **名曰**

선주
善住니라

여예피문 보살 운하정보살행
汝詣彼問호대 **菩薩**이 **云何淨菩薩行**이리잇고하라

시 선재동자 예해운족 우요첨앙 사
時에 **善財童子**가 **禮海雲足**하며 **右遶瞻仰**하고 **辭**

퇴이거
退而去하니라

내가 어떻게 그 공덕의 행을 능히 알고 능히 말하겠습니까?

선남자여, 여기서 남쪽으로 육십 유순을 가면 능가산 가는 길가에 한 마을이 있으니 이름이 '해안'이고, 그곳에 비구가 있으니 이름이 '선주'입니다.

그대는 그에게 가서 '보살이 어떻게 보살의 행을 깨끗하게 합니까?'라고 물으십시오."

그때에 선재 동자는 해운 비구의 발에 예배하고 오른쪽으로 돌고 우러러보면서, 하직하고 물러갔다.

爾時에 善財童子가 專念善知識敎하며 專念普

眼法門하니라

專念佛神力하며 專持法句雲하며 專入法海

門하며 專思法差別하며 深入法漩澓하며 普入法

虛空하며 淨治法翳障하며 觀察法寶處하니라

漸次南行하야 至楞伽道海岸聚落하야 觀察十

方하고 求覓善住하니라

見此比丘가 於虛空中來往經行에 無數諸天이

그때에 선재 동자가 오로지 선지식의 가르침을 생각하며, 오로지 보안 법문을 생각하였다. 오로지 부처님의 위신력을 생각하며, 오로지 법의 글귀구름을 지니며, 오로지 법바다의 문에 들어가며, 오로지 법의 차별을 생각하였다. 법의 소용돌이에 깊이 들어가며, 법의 허공에 널리 들어가며, 법의 장애를 깨끗이 다스리며, 법보 있는 곳을 관찰하였다.

점차 남쪽으로 가서 능가산 가는 길가 해안 마을에 이르러 시방을 관찰하고 선주를 찾았다.

살펴보니, 이 비구가 허공 중에서 오고 가며

공경위요　　산제천화　　작천기악　　번당
恭敬圍遶하야 散諸天華하며 作天妓樂하며 幡幢

증기　실각무수　　변만허공　　이위공양
繒綺가 悉各無數하야 徧滿虛空하야 以爲供養하나라

제대용왕　　어허공중　　흥부사의침수향
諸大龍王이 於虛空中에 興不思議沈水香

운　　진뢰격전　　이위공양　　긴나라왕
雲하야 震雷激電하야 以爲供養하며 緊那羅王이

주중악음　　여법찬미　　이위공양
奏衆樂音하야 如法讚美하야 以爲供養하나라

마후라가왕　　이부사의극미세의　　어허공
摩睺羅伽王이 以不思議極微細衣로 於虛空

중　주회포설　　심생환희　　이위공양
中에 周迴布設하야 心生歡喜하야 以爲供養하며

아수라왕　흥부사의마니보운　　무량광명
阿脩羅王이 興不思議摩尼寶雲하야 無量光明의

경행하는데 수없는 모든 천신들이 공경히 둘러싸서 모든 하늘 꽃을 흩으며 하늘 기악을 지으며, 번기와 당기와 비단이 모두 각각 수없어서 허공에 두루 가득히 공양올렸다.

모든 큰 용왕들이 허공 중에서 부사의한 침수향구름을 일으켜 천둥 치고 번개 쳐서 공양올리며, 긴나라왕이 온갖 음악을 연주하여 여법하게 찬미하면서 공양올렸다.

마후라가왕은 부사의한 지극히 미세한 옷을 허공 중에 두루두루 펴서 깔고 환희심을 내어 공양올리며, 아수라왕은 부사의한 마니보배구름을 일으켜 한량없는 광명의 갖가지 장엄으

종종장엄　　　변만허공　　　이위공양
種種莊嚴으로 **徧滿虛空**하야 **以爲供養**하나라

가루라왕　　　작동자형　　　무량채녀지소위요
迦樓羅王이 **作童子形**하야 **無量采女之所圍遶**로

구경성취무살해심　　　어허공중　　　합장공
究竟成就無殺害心하야 **於虛空中**에 **合掌供**

양
養하나라

부사의수제나찰왕　　　무량나찰지소위요
不思議數諸羅刹王이 **無量羅刹之所圍遶**로

기형장대　　　심가포외　　　견선주비구　　　자
其形長大하야 **甚可怖畏**나 **見善住比丘**하고 **慈**

심자재　　　곡궁합장　　　첨앙공양
心自在하야 **曲躬合掌**하고 **瞻仰供養**하나라

부사의수제야차왕　　　각각실유자중위요
不思議數諸夜叉王이 **各各悉有自衆圍遶**하야

로 허공에 두루 가득히 공양올렸다.

가루라왕이 동자의 형상을 지어 한량없는 채녀들에게 둘러싸였으며, 구경에 살해할 마음이 없음을 성취하여 허공에서 합장하고 공양올렸다.

부사의한 수효의 모든 나찰왕들이 한량없는 나찰들에게 둘러싸였으며 그 형상이 장대하여 매우 두렵고 무서우나, 선주 비구의 자애로운 마음이 자재함을 보고는 몸을 굽히고 합장하며 우러러보고 공양올렸다.

부사의한 수효의 모든 야차왕들이 각각 모두 자기의 무리들에게 둘러싸여 사면에 두루

사면주잡   공경수호   부사의수제범천
四面周帀하야 恭敬守護하며 不思議數諸梵天

왕   어허공중   곡궁합장   이인간법
王이 於虛空中에 曲躬合掌하야 以人間法으로

칭양찬탄
稱揚讚歎하나라

부사의수제정거천   어허공중   여궁전구
不思議數諸淨居天이 於虛空中에 與宮殿俱하야

공경합장   발홍서원
恭敬合掌하야 發弘誓願하나라

시   선재동자   견시사이   심생환희   합
時에 善財童子가 見是事已하고 心生歡喜하야 合

장경례   작여시언
掌敬禮하고 作如是言하나라

성자   아이선발아뇩다라삼먁삼보리심
聖者여 我已先發阿耨多羅三藐三菩提心호니

하여 공경하고 수호하며, 부사의한 수효의 모든 범천왕들이 허공에서 몸을 굽히고 합장하여 인간의 법으로 칭찬하였다.

부사의한 수효의 모든 정거천들은 허공에서나 궁전에서 함께 공경히 합장하고 큰 서원을 세웠다.

이때에 선재 동자가 이 일을 보고는 마음이 기쁨을 내며 합장하여 예경하고 이와 같이 말하였다.

"성자시여, 저는 이미 먼저 아뇩다라삼먁삼보리심을 내었습니다. 그러나 보살이 어떻게 부처님 법을 수행하며, 어떻게 부처님 법을 쌓

이미지보살　운하수행불법　　운하적집불
而未知菩薩이 云何修行佛法이며 云何積集佛

법　　운하비구불법　　운하훈습불법　　운
法이며 云何備具佛法이며 云何熏習佛法이며 云

하증장불법　　운하총섭불법　　운하구경
何增長佛法이며 云何摠攝佛法이며 云何究竟

불법　　운하정치불법　　운하심정불법
佛法이며 云何淨治佛法이며 云何深淨佛法이며

운하통달불법
云何通達佛法이리잇고

아문성자　선능유회　　유원자애　　위아
我聞聖者는 善能誘誨라하니 唯願慈哀하사 爲我

선설
宣說하소서

보살　운하불사견불　　상어기소　정근수
菩薩이 云何不捨見佛하야 常於其所에 精勤修

아 모으며, 어떻게 부처님 법을 갖추며, 어떻게 부처님 법을 훈습하며, 어떻게 부처님 법을 증장하며, 어떻게 부처님 법을 모두 거두며, 어떻게 부처님 법에 끝까지 이르며, 어떻게 부처님 법을 깨끗이 다스리며, 어떻게 부처님 법을 깊이 깨끗하게 하며, 어떻게 부처님 법을 통달하는지 알지 못합니다.

제가 들으니 성자께서 잘 능히 가르쳐 주신다고 합니다. 오직 원하오니 자애로 불쌍히 여기시어 저를 위하여 말씀해 주십시오.

보살이 어떻게 부처님 친견함을 버리지 않고 항상 그곳에서 부지런히 닦아 익히며, 보살이

習이며 菩薩이 云何不捨菩薩하야 與諸菩薩로 同

一善根이니잇고

菩薩이 云何不捨佛法하야 悉以智慧로 而得明

證이며 菩薩이 云何不捨大願하야 能普利益一

切衆生이니잇고

菩薩이 云何不捨衆行하야 住一切劫호대 心無

疲厭이며 菩薩이 云何不捨佛刹하야 普能嚴淨

一切世界이니잇고

어떻게 보살을 버리지 않고 모든 보살들과 선근을 동일하게 합니까?

보살이 어떻게 부처님 법을 버리지 않고 모두 지혜로 밝게 증득하며, 보살이 어떻게 큰 서원을 버리지 않고 일체 중생을 능히 널리 이익하게 합니까?

보살이 어떻게 여러 가지 행을 버리지 않고 일체 겁에 머무르되 마음이 피로해하거나 싫어하지 않으며, 보살이 어떻게 부처님 세계를 버리지 않고 널리 능히 일체 세계를 모두 깨끗하게 장엄합니까?

보살이 어떻게 부처님 힘을 버리지 않고 모

菩薩이 云何不捨佛力하야 悉能知見如來自在며

菩薩이 云何不捨有爲호대 亦復不住하야

普於一切諸有趣中에 猶如變化하야 示受生

死하야 修菩薩行이니잇고

菩薩이 云何不捨聞法하야 悉能領受諸佛正敎며

菩薩이 云何不捨智光하야 普入三世智所行處니잇고

時에 善住比丘가 告善財言하시니라

두 능히 여래의 자재하심을 알고 보며, 보살이 어떻게 함이 있음을 버리지 않고 또한 다시 머무르지 않으면서 널리 일체 모든 존재의 갈래에서 마치 변화하는 것처럼 생사 받음을 보이면서 보살의 행을 닦습니까?

보살이 어떻게 법을 들음을 버리지 않고 모두 능히 모든 부처님의 바른 가르침을 받아들이며, 보살이 어떻게 지혜의 광명을 버리지 않고 널리 삼세에서 지혜로 행할 곳에 두루 들어갑니까?"

이때에 선주 비구가 선재에게 말하였다.

善哉善哉라 善男子여 汝已能發阿耨多羅三

藐三菩提心하고 今復發心하야 求問佛法과 一

切智法과 自然者法이로다

善男子야 我已成就菩薩無礙解脫門하야 若來

若去와 若行若止에 隨順思惟하며 修習觀察하야

即時獲得智慧光明하니 名究竟無礙라

得此智慧光明故로 知一切衆生心行하야 無所

障礙하며 知一切衆生歿生하야 無所障礙하니라

"훌륭하고 훌륭합니다! 선남자여, 그대가 이미 아뇩다라삼먁삼보리심을 내었고, 이제 다시 마음을 내어 부처님의 법과 일체지의 법과 자연인 법을 물었습니다.

선남자여, 나는 이미 보살의 걸림 없는 해탈문을 성취하여 혹 오고 혹 가고, 혹 다니고 혹 머무름에, 따라서 사유하며 닦아 익히고 관찰하여 즉시에 지혜의 광명을 얻었으니 이름이 '끝까지 걸림 없음'입니다.

이 지혜의 광명을 얻은 까닭으로 일체 중생의 마음 행을 알아서 장애하는 바가 없으며, 일체 중생의 죽고 태어남을 알아서 장애하는

知一切衆生宿命하야 無所障礙하며 知一切衆

生未來劫事하야 無所障礙하며 知一切衆生現

在世事하야 無所障礙하니라

知一切衆生言語音聲種種差別하야 無所障

礙하며 決一切衆生所有疑問하야 無所障礙하며

知一切衆生諸根하야 無所障礙하니라

隨一切衆生應受化時하야 悉能往赴에 無所障

礙하며 知一切刹那羅婆牟呼栗多日夜時分하야

바가 없습니다.

일체 중생의 지난 세상의 일을 알아서 장애하는 바가 없으며, 일체 중생의 미래 겁의 일을 알아서 장애하는 바가 없으며, 일체 중생의 현재 세상의 일을 알아서 장애하는 바가 없습니다.

일체 중생의 말과 음성이 갖가지로 차별함을 알아서 장애하는 바가 없으며, 일체 중생의 있는 바 의문을 해결하여 장애하는 바가 없으며, 일체 중생의 모든 근을 알아서 장애하는 바가 없습니다.

일체 중생의 응당 교화를 받아야 할 때를 따라서 모두 능히 나아감에 장애하는 바가 없으

무소장애   지삼세해유전차제   무소장
無所障礙하며 知三世海流轉次第하야 無所障

애
礙하니라

능이기신   변왕시방일체불찰   무소장
能以其身으로 徧往十方一切佛刹하야 無所障

애   하이고   득무주무작신통력고
礙호니 何以故오 得無住無作神通力故니라

선남자   아이득차신통력고   어허공중   혹
善男子야 我以得此神通力故로 於虛空中에 或

행혹주   혹좌혹와   혹은혹현   혹현
行或住하며 或坐或臥하며 或隱或顯하며 或現一

신   혹현다신
身하며 或現多身하나라

천도장벽   유여허공   어허공중   결가부
穿度牆壁을 猶如虛空하며 於虛空中에 結跏趺

며, 일체 찰나와 랍바와 모호율다와 낮과 밤의 시분을 알아서 장애하는 바가 없으며, 삼세 바다에서 유전하는 차례를 알아서 장애하는 바가 없습니다.

능히 그 몸으로 시방의 일체 부처님 세계에 두루 가서 장애하는 바가 없습니다. 왜냐하면 머무름이 없고 지음이 없는 신통한 힘을 얻은 까닭입니다.

선남자여, 나는 이 신통력을 얻은 까닭으로 허공 중에서 혹은 다니고 혹은 머무르며, 혹은 앉고 혹은 누우며, 혹은 숨고 혹은 나타나며, 혹은 한 몸을 나타내고 혹은 많은 몸을

좌　　　왕래자재　　유여비조　　입지여수
坐하야 往來自在를 猶如飛鳥하며 入地如水하며

이수여지
履水如地하나라

변신상하　　보출연염　　여대화취　　혹시
徧身上下에 普出煙燄을 如大火聚하며 或時에

진동일체대지　　혹시　　이수마촉일월
震動一切大地하며 或時에 以手摩觸日月하며

혹현기신　　고지범궁　　혹현소향운　　혹
或現其身이 高至梵宮하며 或現燒香雲하며 或

현보염운　　혹현변화운　　혹현광망운
現寶燄雲하며 或現變化雲하며 或現光網雲호대

개실광대　　미부시방
皆悉廣大하야 彌覆十方하나라

혹일념중　　과어동방일세계이세계　　백세
或一念中에 過於東方一世界二世界와 百世

나타냅니다.

 장벽을 뚫고 나가기를 마치 허공처럼 하며, 허공 중에서 결가부좌하여 가고 오는 것이 자재함이 마치 나는 새와 같으며, 땅에 들어감이 물과 같으며, 물을 밟기를 땅과 같이 합니다.

 온몸의 위와 아래에서 연기와 불꽃을 널리 내는 것이 큰 불무더기 같으며, 혹 어떤 때는 일체 대지를 진동시키며, 혹 어떤 때는 손으로 해와 달을 어루만지며, 혹은 그 몸이 범궁까지 높이 이르름을 나타내며, 혹은 사르는 향구름을 나타내며, 혹은 보배 불꽃구름을 나타내며, 혹은 변화구름을 나타내며, 혹은 광명 그

界千世界百千世界와 乃至無量世界와 乃至
不可說不可說世界하며 或過閻浮提微塵數世
界하니라

或過不可說不可說佛刹微塵數世界하야 於彼一
切諸佛國土의 佛世尊前에 聽聞說法호대 一一
佛所에 現無量佛刹微塵數差別身하며 一一
身에 雨無量佛刹微塵數供養雲하니라

所謂一切華雲과 一切香雲과 一切鬘雲과 一切

물구름을 나타내되, 모두 다 광대하며 시방을 두루 덮습니다.

혹은 한 생각 동안에 동방으로 한 세계와 두 세계와 백 세계와 천 세계와 백천 세계와 내지 한량없는 세계와 내지 말할 수 없이 말할 수 없는 세계를 지나며, 혹은 염부제의 미진수 세계를 지납니다.

혹은 말할 수 없이 말할 수 없는 부처님 세계 미진수의 세계를 지나서 그 일체 모든 부처님 국토의 부처님 세존 앞에서 설법을 듣되, 낱낱 부처님 처소에서 한량없는 부처님 세계 미진수의 차별한 몸을 나타내며, 낱낱 몸에

말향운   일체도향운   일체개운   일체의운
末香雲과 一切塗香雲과 一切蓋雲과 一切衣雲과

일체당운   일체번운   일체장운   이일체
一切幢雲과 一切幡雲과 一切帳雲이라 以一切

신운   이위공양   일일여래   소유선설
身雲으로 而爲供養하야 一一如來의 所有宣說을

아개수지   일일국토   소유장엄   아개억
我皆受持하고 一一國土의 所有莊嚴을 我皆憶

념
念하나니라

여동방   남서북방   사유상하   역부여
如東方하야 南西北方과 四維上下도 亦復如

시   여시일체제세계중   소유중생   약견
是호니 如是一切諸世界中에 所有衆生이 若見

아형   개결정득아뇩다라삼먁삼보리
我形하면 皆決定得阿耨多羅三藐三菩提하나니라

한량없는 부처님 세계 미진수의 공양구름을 비내립니다.

이른바 일체 꽃구름과, 일체 향구름과, 일체 화만구름과, 일체 가루향구름과, 일체 바르는 향구름과, 일체 일산구름과, 일체 옷구름과, 일체 당기구름과, 일체 번기구름과, 일체 휘장구름과, 일체 몸구름으로 공양올리고, 낱낱 여래의 있는 바 펴서 설하심을 내가 다 받아지니고, 낱낱 국토의 있는 바 장엄을 내가 다 생각합니다.

동방과 같이 남방과 서방과 북방과 네 간방과 상방과 하방도 또한 다시 이와 같습니다.

피제세계일체중생   아개명견   수기대소
彼諸世界一切衆生을 我皆明見하고 隨其大小

승렬고락   시동기형   교화성취
勝劣苦樂하야 示同其形하야 敎化成就하니라

약유중생   친근아자   실령안주여시법
若有衆生이 親近我者면 悉令安住如是法

문
門이로다

선남자   아유지차보속질공양제불성취중
善男子야 我唯知此普速疾供養諸佛成就衆

생무애해탈문
生無礙解脫門이니라

여제보살   지대비계   바라밀계   대승계
如諸菩薩은 持大悲戒와 波羅蜜戒와 大乘戒와

이와 같은 일체 모든 세계에 있는 중생들이 만약 내 형상을 보면 다 결정코 아뇩다라삼먁삼보리를 얻을 것입니다.

 저 모든 세계의 일체 중생을 내가 다 밝게 보고, 그 크고 작음과 수승하고 하열함과 괴롭고 즐거움을 따라 그 형상과 같음을 보여 교화하여 성취시킵니다.

 만약 중생이 나를 친근하는 자가 있으면 모두 이와 같은 법문에 편안히 머무르게 될 것입니다.

 선남자여, 나는 오직 이 널리 빠르게 모든 부처님께 공양올리고 중생들을 성취시키는 걸림

보살도상응계　　무장애계　　불퇴타계　　불
菩薩道相應戒와 **無障礙戒**와 **不退墮戒**와 **不**

사보리심계　　　상이불법　　　위소연계　　　어
捨菩提心戒와 **常以佛法**으로 **爲所緣戒**와 **於**

일체지　　상작의계　　여허공계　　일체세간
一切智에 **常作意戒**와 **如虛空戒**와 **一切世間**

무소의계　　무실계　　무손계　　무결계　　무잡
無所依戒와 **無失戒**와 **無損戒**와 **無缺戒**와 **無雜**

계　　무탁계　　무회계　　청정계　　이진계　　이
戒와 **無濁戒**와 **無悔戒**와 **淸淨戒**와 **離塵戒**와 **離**

구계
垢戒하나니라

여시공덕　　이아운하능지능설
如是功德을 **而我云何能知能說**이리오

없는 해탈문만 알 뿐입니다.

　저 모든 보살들은 대비 계와, 바라밀 계와, 대승 계와, 보살도와 서로 응하는 계와, 장애 없는 계와, 물러나지 않는 계와, 보리심을 버리지 않는 계와, 항상 부처님 법으로 반연할 바를 삼는 계와, 일체지에 항상 뜻을 두는 계와, 허공 같은 계와, 일체 세간에 의지할 바 없는 계와, 허물이 없는 계와, 손상함이 없는 계와, 모자람이 없는 계와, 잡됨이 없는 계와, 흐림이 없는 계와, 뉘우침이 없는 계와, 청정한 계와, 티끌을 여읜 계와, 때를 여읜 계를 지닙니다.

善男子야 從此南方에 有國하니 名達里鼻茶요

城名은 自在며 其中에 有人하니 名曰彌伽니라

汝詣彼問호대 菩薩이 云何學菩薩行이며 修菩

薩道리잇고하라

時에 善財童子가 頂禮其足하며 右遶瞻仰하고 辭

退而行하니라

〈大方廣佛華嚴經 卷第六十二〉

이와 같은 공덕을 내가 어떻게 능히 알며 능히 말하겠습니까?

선남자여, 여기서 남방에 나라가 있으니 이름이 '달리비다'이고, 도성의 이름은 '자재'이며, 그 가운데 사람이 있으니 이름이 '미가'입니다.

그대는 그에게 가서 '보살이 어떻게 보살행을 배우며 보살도를 닦습니까?'라고 물으십시오."

그때에 선재 동자가 그의 발에 정례하며 오른쪽으로 돌고 우러러보면서, 하직하고 물러갔다.

〈대방광불화엄경 제62권〉

大方廣佛華嚴經 — 부록

· 대방광불화엄경 목차

· 간행사

대방광불화엄경
목차

〈제1회〉

제1권	제1품	세주묘엄품 [1]
제2권	제1품	세주묘엄품 [2]
제3권	제1품	세주묘엄품 [3]
제4권	제1품	세주묘엄품 [4]
제5권	제1품	세주묘엄품 [5]
제6권	제2품	여래현상품
제7권	제3품	보현삼매품
	제4품	세계성취품
제8권	제5품	화장세계품 [1]
제9권	제5품	화장세계품 [2]
제10권	제5품	화장세계품 [3]
제11권	제6품	비로자나품

〈제2회〉

제12권	제7품	여래명호품
	제8품	사성제품
제13권	제9품	광명각품
	제10품	보살문명품
제14권	제11품	정행품
	제12품	현수품 [1]
제15권	제12품	현수품 [2]

〈제3회〉

제16권	제13품	승수미산정품
	제14품	수미정상게찬품
	제15품	십주품
제17권	제16품	범행품
	제17품	초발심공덕품
제18권	제18품	명법품

〈제4회〉

제19권 제19품 승야마천궁품

　　　　제20품 야마궁중게찬품

　　　　제21품 십행품 [1]

제20권 제21품 십행품 [2]

제21권 제22품 십무진장품

〈제5회〉

제22권 제23품 승도솔천궁품

제23권 제24품 도솔궁중게찬품

　　　　제25품 십회향품 [1]

제24권 제25품 십회향품 [2]

제25권 제25품 십회향품 [3]

제26권 제25품 십회향품 [4]

제27권 제25품 십회향품 [5]

제28권 제25품 십회향품 [6]

제29권 제25품 십회향품 [7]

제30권 제25품 십회향품 [8]

제31권 제25품 십회향품 [9]

제32권 제25품 십회향품 [10]

제33권 제25품 십회향품 [11]

〈제6회〉

제34권 제26품 십지품 [1]

제35권 제26품 십지품 [2]

제36권 제26품 십지품 [3]

제37권 제26품 십지품 [4]

제38권 제26품 십지품 [5]

제39권 제26품 십지품 [6]

〈제7회〉

제40권 제27품 십정품 [1]

제41권 제27품 십정품 [2]

제42권 제27품 십정품 [3]

제43권 제27품 십정품 [4]

제44권 제28품 십통품

　　　　제29품 십인품

제45권 제30품 아승지품

　　　　제31품 수량품

　　　　제32품 제보살주처품

제46권 제33품 불부사의법품 [1]

제47권 제33품 불부사의법품 [2]

제48권	제34품	여래십신상해품		제63권	제39품	입법계품 [4]
	제35품	여래수호광명공덕품		제64권	제39품	입법계품 [5]
제49권	제36품	보현행품		제65권	제39품	입법계품 [6]
제50권	제37품	여래출현품 [1]		제66권	제39품	입법계품 [7]
제51권	제37품	여래출현품 [2]		제67권	제39품	입법계품 [8]
제52권	제37품	여래출현품 [3]		제68권	제39품	입법계품 [9]

〈제8회〉

제48권　제34품　여래십신상해품
　　　　제35품　여래수호광명공덕품
제49권　제36품　보현행품
제50권　제37품　여래출현품 [1]
제51권　제37품　여래출현품 [2]
제52권　제37품　여래출현품 [3]

〈제8회〉

제53권　제38품　이세간품 [1]
제54권　제38품　이세간품 [2]
제55권　제38품　이세간품 [3]
제56권　제38품　이세간품 [4]
제57권　제38품　이세간품 [5]
제58권　제38품　이세간품 [6]
제59권　제38품　이세간품 [7]

〈제9회〉

제60권　제39품　입법계품 [1]
제61권　제39품　입법계품 [2]
제62권　제39품　입법계품 [3]

제63권　제39품　입법계품 [4]
제64권　제39품　입법계품 [5]
제65권　제39품　입법계품 [6]
제66권　제39품　입법계품 [7]
제67권　제39품　입법계품 [8]
제68권　제39품　입법계품 [9]
제69권　제39품　입법계품 [10]
제70권　제39품　입법계품 [11]
제71권　제39품　입법계품 [12]
제72권　제39품　입법계품 [13]
제73권　제39품　입법계품 [14]
제74권　제39품　입법계품 [15]
제75권　제39품　입법계품 [16]
제76권　제39품　입법계품 [17]
제77권　제39품　입법계품 [18]
제78권　제39품　입법계품 [19]
제79권　제39품　입법계품 [20]
제80권　제39품　입법계품 [21]

간행사

　귀의삼보 하옵고,

『대방광불화엄경』의 수지 독송과 유통을 발원하면서 수미정사 불전연구원에서 『독송본 한문·한글역 대방광불화엄경』과 『사경본 한글역 대방광불화엄경』을 편찬하여 간행하게 되었습니다.

『화엄경』은 우리나라에 전래된 이래 일찍부터 사경되고 주석·강설되어 왔으며 근현대에 이르러서는 『화엄경』의 한글 번역과 연구도 부쩍 많이 이루어졌습니다. 그만큼 『화엄경』이 우리 불자님들의 신행과 해탈에 큰 의지처가 되었던 것임을 알 수 있습니다.

『화엄경』을 독송하고 사경하는 공덕은 설법 공덕과 함께 크게 강조되어 왔습니다. 그리하여 수미정사 불전연구원에서도 『화엄경』(80권)을 독송하고 사경하는 데 도움이 되도록 한문 원문과 한글역을 함께 수록한 독송본과 한글역의 사경본 『화엄경』 간행불사를 빌원하였습니다. 이 『화엄경』 간행불사에 뜻을 같이하여 적극 후원해주신 스님들과 재가 불자님들께 깊이 감사드립니다. 또한 『화엄경』을 수지 독송할 수 있도록 경책의 모습으로 장엄해 주신 편집위원들과 담앤북스 출판사 관계자들께도 고마움을 표합니다.

　끝으로 이 불사의 원만 회향으로 『화엄경』이 널리 유통되고, 온 법계에 부처님의 가피가 충만하시길 기원드립니다.

　나무 대방광불화엄경

불기 2564년 '부처님오신날'을 봉축하며
수미해주 합장

위태천신(동진보살)

수미해주 須彌海住

호거산 운문사에서 성관 스님을 은사로 출가, 석암 대화상을 계사로 사미니계 수계, 월하 전계사를 계사로 비구니계 수계, 계룡산 동학사 전문강원 졸업, 동국대학교 불교대학 및 동 대학원 졸업, 철학박사, 가산지관 대종사에게서 전강, 동국대학교 불교대학 교수, 동학승가대학 학장 및 화엄학림 학림장, 중앙승가대학교 법인이사 역임.
(현) 수미정사 주지, 동국대학교 명예교수.
저·역서로 『의상화엄사상사연구』, 『화엄의 세계』, 『정선 원효』, 『정선 화엄 1』, 『정선 지눌』, 『법계도기총수록』, 『해주스님의 법성게 강설』 등 다수.

독송본 한문·한글역
대방광불화엄경 제62권

| 초판 1쇄 발행_ 2025년 12월 10일

| 엮 은 이_ 수미해주
| 엮 은 곳_ 수미정사 불전연구원
| 편집위원_ 해주 수정 경신 신초 정천 서도 박보람 최원섭
| 편 집 보_ 무이 무진 지욱 혜명

| 펴 낸 이_ 오세룡
| 펴 낸 곳_ 담앤북스
            서울특별시 종로구 새문안로3길 23 경희궁의 아침 4단지 805호
            대표전화 02)765-1251 전자우편 dhamenbooks@naver.com
            출판등록 제300-2011-115호
| ISBN_ 979-11-6201-955-9 04220

이 책은 저작권 법에 따라 보호받는 저작물이므로 무단전재와 복제를 금합니다.
이 책 내용의 전부 또는 일부를 이용하려면 반드시 저작권자와 담앤북스의 서면 동의를 받아야 합니다.

정가 15,000원
ⓒ 수미해주 2025